A. FERRET 1978

FACULTÉ DE DROIT DE GRENOBLE

THÈSE

POUR

LE DOCTORAT

LYON
IMPRIMERIE ADMINISTRATIVE DE CHANOINE
10, PLACE DE LA CHARITÉ, 10
1864

THÈSE

POUR

LE DOCTORAT

L'ACTE PUBLIC SUR LES MATIÈRES CI-APRÈS SERA SOUTENU

LE SAMEDI 13 AOUT 1864

par

M. PAUL SAUZET

Avocat

Président : M. BURDET, doyen.

Suffragants : {
MM. JALABERT,
GUEYMARD, } professeurs.
CAILLEMER, }
DUBOIS, } suppléants.

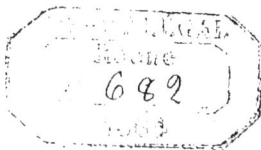

LYON

IMPRIMERIE ADMINISTRATIVE DE CHANOINE

10, PLACE DE LA CHARITÉ, 10

1864

LA

QUERELLE DES DETTES

A ROME

OU

DE LA CONDITION DES DÉBITEURS *NEXI*

DEPUIS

LES TEMPS LES PLUS RECULÉS JUSQU'A LA LOI DES DOUZE TABLES

———— ◆ ————

CHAPITRE Ier

Introduction

Les civilisations humaines n'ont point commencé par le savoir, l'égalité, la liberté, par l'âge d'or, selon la fiction des poètes ; et Vico a posé comme axiome ce qui peut être pris pour vérité : Que la marche de l'humanité est en sens inverse. Tel était le principe des peuples italiques au milieu desquels la cité romaine s'est formée, esclavage et aristocratie. Une caste supérieure et dominante (*patres, patricii*) ; une caste inférieure et dominée (*plebs, plebeii*), distribuée de famille en famille sous sa protection par le lien de la clientèle, exclue de toute participation au pouvoir, comme de toute espérance d'y parvenir jamais ; enfin, et en dehors des conditions de la vie civile, une classe misérable et méprisée se recrutant par la victoire et s'épuisant aux plus rudes travaux, l'esclave (*servus*) vivant de la vie animale, privé par une double déchéance et de sa liberté et de son humanité, propriété exclusive d'un maître qui a sur lui droit de vie et de mort. Qu'on explique cette classification des hommes par la variété d'origine de la population romaine composée d'éléments distincts, par l'asile ouvert aux étrangers, aux esclaves fugitifs, par les coutumes d'alors sur la guerre et sur le sort fait aux habitants des villes et des territoires vaincus ou captifs, au fond il faut reconnaître que tous les petits États, au milieu desquels Rome s'élève, ont leur caste supérieure dominante et leur plèbe; la clientèle, l'esclavage, l'affranchissement y sont en usage. « Les peuples qui sont autour de nous, s'écrie Appius Claudius dans sa véhémente harangue contre les plébéiens, sont gouvernés par les grands, et chez aucun de ces peuples on ne voit qu'il soit concédé à la plèbe un droit égal à celui de la classe supérieure. » (1)

Ce serait donc une erreur de voir dans la fondation de Rome une population vierge encore, qui s'implante sur le sol italique, et emprunte à ses premiers rapports d'homme à homme ses premiers germes de législation. Des citoyens exilés de leur patrie, des esclaves qui se sont soustraits à la dure oppression d'un maître impitoyable, des affranchis, des condamnés, des débiteurs échappant par la fuite aux poursuites acharnées de leurs créanciers, se réunissent sous la main d'un chef et Rome dès lors est fondée. Asile ouvert à toutes les infortunes, grossie de tous les mécontents, s'assimilant par de faciles conquêtes des peuplades encore errantes qui ne demandent qu'à se fixer, Rome s'accroît de jour

---

(1) Denys d'Halic., liv. 6, § 54. — Cette assertion est confirmée par Censorinus *De die natali*, § 4, in fine. Il rapporte cette croyance étrusque : que dans un champ du territoire de Tarquinies, la charrue fit sortir d'un sillon un enfant nommé Tagès qui se mit à enseigner l'art des aruspices, et s'exprime ainsi : Disciplinam quam lucumones *tùm* Etruriæ *potentes* rescripserunt. — Voir le même récit : Ammien-Marcellin, liv. 21, § 1, et Cicéron, *De divinatione*, liv. 2, § 23.

en jour, prend possession du sol où Romulus plante ses limites, et de cette enceinte sacrée fera rayonner sa puissance, et partir ces légions qui doivent dans le cours des siècles lui asservir le monde.

Pour ces données primitives, les annalistes sont réduits à de pures conjectures (1); on peut toutefois laisser à la surface l'obscurité mythologique de cette première période, et, s'avançant dans l'histoire, entrer dans le domaine sérieux des faits. Rome apparaît alors composée de trois éléments distincts : Latins, Sabins, Etrusques. Au rapport de Cicéron (2). Romulus lui-même, d'après cette considération d'origine, aurait groupé la population en *trois* divisions distinctes d'où le nom de *tribus*, chacune portant le nom de son chef; une division territoriale (3) aurait répondu à ce classement par origine. Mais il ne nous est pas permis de croire que les membres d'une même tribu réclamèrent et obtinrent dès le principe des droits égaux; l'égalité civile et politique telle que nous la concevons possible avec les idées modernes, et dont la réalisation rencontre encore parmi nous tant de difficultés et d'irrésolutions, n'est après tout qu'un résultat du progrès et l'apanage des civilisations les plus avancées; et c'est poursuivre une chimère que la chercher au berceau des peuples à la place de la dictature ou de l'oppression des grands.

---

(1) Varron, d'après Censorinus, divise en trois périodes les premiers temps de l'histoire romaine. La première, celle des origines, il l'appelle inconnue ἄδηλον, la seconde mythique μυθίχον à cause des récits fabuleux qu'elle contient, la troisième historique ἰστορίχον.

(2) Populumque et suo et Tatii nomine et Lucumonis qui Romuli socius in sabino praelio occiderat in tribus tres curiasque triginta descripserat (Romulus). Cic. *De Repub.*, liv. II, § 8.

(3) Varron, *De linguâ latinâ*, liv. V, § 55. — Ager Romanus primum divisus in partes *tres* à quo *tribus* appelleta Tatiensium Ramnium Lucerum; nominatæ ut ait Ennius Tatienses à Tatio Ramnenses à Romulo, Luceres ut Junius à Lucumone; sed omnia hæc vocabula Tusca ut Volnius, qui tragœdias Tuscas scripsit, dicebat.

Habitués dans leur première patrie à toutes ces distinctions de caste, à cette forte organisation aristocratique où une minorité savante tient en tutelle et protection forcée la majeure partie d'une population sans savoir, ce n'est point avec de telles traditions que les premiers Romains essaieront de rompre tout d'abord ; aux armes ils doivent leur existence, le secret de leur accroissement et le maintien de leur indépendance ; et quand ils se perpétuent par la guerre, ils doivent en maintenir parmi eux la forte et sévère discipline. Au reste, quelle qu'en soit la cause, qu'on n'ait pas eu à cette époque l'idée d'une autre forme possible ou que les premiers fondateurs (*patres*, *principes*) aient fait accepter leur suprématie, un fait à coup sûr hors de doute c'est l'existence de la plèbe du temps de Romulus qui la distribua sous la protection des premiers de la cité, en la rattachant à la classe supérieure par les liens de la clientèle (1).

Cette séparation devient encore plus sensible si l'on se reporte à l'époque où fonctionnent les comices par curies qui forment la plus ancienne assemblée du peuple romain. L'aristocratie a seule le droit de convoquer le peuple au *comitium* (2), la présence des augures est nécessaire et les augures sont patriciens ; les comices ne se réunissent qu'à des jours déterminés d'une façon arbitraire par les pontifes (3) ; enfin, non-seulement l'influence dans le vote est assurée à la caste patricienne, mais lorsque l'assemblée s'est prononcée par *oui* et par *non*, il faut encore que le sénat adopte et complète (4) cette décision. Ainsi, dans la première constitution de Rome, tout est organisé pour assu-

---

(1) Cicéron, *De Repub.*, liv. II, § 9. — Et habuit (Romulus) plebem in clientelas principum descriptam quod quantæ fuerit utilitati post videro.

(2) Varron, *De ling. lat.* liv. V, § 155.

(3) Censorinus, *De die natali*, § 20. — Macrobe, *Saturnales*, liv. I, ch. 16. Il y avait les jours comitiales où les comices pouvaient être tenus, et ceux où ils ne pouvaient l'être.

(4) Tite-Live, liv. I, § 17. — Cicéron, *De legibus*, liv. III, § 12. — « .... ut potestas in populo auctoritas in senatu sit. »

rer à la classe noble la souveraineté de la puissance ; elle juge les différends, fait les lois, élève aux magistratures (1), et ne laissant au peuple qu'une apparence de pouvoir, gouverne mystérieusement et sans contrôle.

Si Rome, à son origine, n'avait pas connu cette division aristocratique et plébéienne qui existait alors chez tous les peuples italiques, et qui avec le temps va pousser dans son organisation municipale de si profondes et puissantes racines, comment expliquer l'antagonisme des deux classes qui apparaît dès les premiers règnes et se manifeste d'une façon évidente sous le roi Ancus ?

Dès le principe, pourvu qu'elle eût sa part de butin, un peu de terre à cultiver et des armes pour la défense de la patrie commune, la plèbe ne demandait rien. Portant en elle la tradition d'un despotisme à la fois aristocratique et théocratique, vouée à l'ignorance et de là peu soucieuse de l'égalité politique (*æquanda libertas*), incapable du reste de juger par elle-même si sa coopération dans les comices était plus apparente que réelle, on eût dit qu'elle avait moins conscience de sa force que de sa propre incapacité, et qu'elle sentait le besoin d'une dictature militaire pour triompher des ennemis de Rome. Mais ce temps eut peu de durée, les grands ne restaient point inactifs, la période des trois premiers règnes leur avait servi à consolider leur pouvoir, et, quand elle sembla s'éveiller à l'oppression, à préparer des armes pour contraindre et dominer cette foule puissante grossie à chaque instant par des annexions volontaires et des conquêtes nouvelles.

Au milieu d'un tel accroissement, combien de citoyens n'avaient point eu leur part dans le partage primitif des terres. En outre, la guerre source de richesse et de gloire

(1) Cicéron, *De divinatione*, liv. II. § 35. — « ... Quod quidem institutum reipublicæ causa est, ut comitiorum vel in judiciis populi vel in jure legum vel in creandis magistratibus *principes* civitatis essent interpretes. »

pour les uns, était une cause de ruine pour le plébéien. S'é-
quipant à ses frais, laissant ses champs en friche pour se
mesurer avec l'ennemi, il put encore satisfaire à ces dépenses tant que le partage du butin lui permit d'apporter à
sa famille des moyens d'existence payés au prix de son sang ;
mais quand la politique de Rome eut changé, quand elle
comprit que pour se faire des alliés il fallait vaincre certains
peuples sans les épuiser, le butin moins considérable ne
suffit plus à de telles exigences, surtout quand l'injustice patricienne s'en réserva la plus fructueuse part. Au reste, les
expéditions augmentaient sans mesure et avec elles la misère du peuple. La guerre, ce moyen trouvé de donner le
change aux passions populaires, ne durait pas toujours et
ce repos n'était pas sans inspirer des craintes aux patriciens ;
aussi les voyait-on maintes fois, pour empêcher une révolte
imminente, rompre sur de faux prétextes avec de pacifiques
voisins et concentrer sur des ennemis d'un jour les passions
dont ils redoutaient pour eux-mêmes l'explosion.

Il fallait vivre pourtant durant les intervalles de la guerre.
Ce furent les riches patriciens qui se chargèrent de pourvoir
à cette nécessité et de fournir au peuple des moyens d'existence. Leurs services étaient loin d'être désintéressés. Unis
contre la plèbe, mais divisés entre eux par les rivalités
du pouvoir, les grands de Rome trouvèrent dans cette protection forcée des moyens aisés de satisfaire leurs ambitions. Offrir des secours aux uns en échange du serment
de fidélité, aux autres sous condition de remboursement,
n'était-ce pas attacher à leur char les premiers par le devoir
de la clientèle, et les emprunteurs sinon par la reconnaissance, du moins par la crainte d'une exigibilité prochaine ;
et s'assurer dans les comices du peuple à défaut d'une prépondérance légitime, une suprématie achetée par d'appa-
rents bienfaits? Ainsi, la clientèle et le prêt furent érigés en
moyen de domination.

Parmi les emprunteurs, il s'en trouvait qui, par une circonstance heureuse, un travail opiniâtre, l'intervention d'un parent ou même d'un patricien généreux qui les libérait pour se faire des partisans, restituaient l'équivalent du prêt et se déliaient vis-à-vis du créancier. Cette libération n'était point l'affaire du prêteur, qui voyait ainsi échapper à sa protection intéressée un débiteur dont il aurait voulu à l'occasion se ménager le suffrage. Le prêt à intérêt, sous les apparences d'une compensation des risques d'insolvabilité, offrit un moyen commode de rendre les remboursements plus onéreux. On ne se fit pas scrupule d'en user. Il fallut rendre dès lors pour opérer sa libération, beaucoup plus qu'on n'avait reçu; cet excédant prit des proportions diverses, suivant que le patricien avait ou non à craindre la concurrence d'offres plus avantageuses, mais s'éleva généralement à un chiffre énorme; ce qui s'explique par ce fait qu'il ne s'agit pas pour le prêteur de retirer un loyer de la chose fournie pour un temps, mais bien d'entraver autant que possible la libération du débiteur.

Aux époques patriarcales, où c'est moins la monnaie elle-même qui est l'objet du prêt qu'une chose fongible nécessaire pour la consommation des colonies agricoles, le pasteur emprunte, sous condition de rendre au bout de l'an avec une prime à titre d'intérêt; plus tard, quand l'intérêt de l'argent vient à dépasser le produit net du fonds pour lequel on emprunte, le cultivateur qui ne peut se libérer au moment de l'échéance et n'a pour payer sa dette d'autre ressource qu'un nouvel emprunt, fait novation en accumulant les intérêts avec le capital dans un engagement nouveau, et comme la valeur de l'argent dépasse bientôt celle du sol, le menu peuple perd peu à peu la propriété du champ modique qu'il possédait.

On sait quel était à Rome le respect pour la foi jurée (1);

(1) Tite-Live, VI, 11 et s., 41 et s.—VIII, 28 et s.— Plutarque, *Vie de Numa*, § 16. — Denys, II, 74-75. ... πίστις ἐπὶ συναλλαγαῖς

les premiers fondateurs avaient élevé des temples à la *Fides* et au dieu Terme ; les conventions civiles et la propriété étaient placées sous la sauvegarde des dieux les plus vénérés, et le jurisconsulte qu'Aulu-Gelle met en scène (1), n'hésite pas à dire que si le peuple romain est parvenu à une aussi grande puissance, c'est qu'il s'est attaché à maintenir avec soin « la stricte observation des engagements publics « et privés, et surtout de ceux contractés par les citoyens « en faisant des emprunts. » D'autre part, la dissipation du patrimoine était à Rome un délit sévèrement flétri par l'opinion et par les lois ; et le sénat, naturellement porté à défendre la cause des usuriers, laquelle dans l'organisation de la cité romaine se confondait presque avec la cause de l'ordre et du droit rigoureux, ne se faisait pas scrupule de considérer leurs exactions comme une juste punition de la conduite déréglée des plébéiens présentés comme dissipateurs (2).

L'insolvabilité une fois assimilée à un crime, il n'y a plus lieu de s'étonner de la sévérité extrême des lois. Du reste, vivant au milieu des combats, les Romains ne voyaient même dans les affaires civiles que des exécutions militaires ; aussi les créanciers allaient traiter leurs débiteurs comme des vaincus qu'ils pouvaient réduire en esclavage, charger de fers ou même dépouiller de la vie, *qui non habet in ære luat in cute*. C'est ainsi que dans l'impossibilité absolue de satisfaire à leur obligation, de malheureux plébéiens sont saisis par leur créancier qui sert ici lui-même d'auxiliaire à la justice, traduits devant le roi seul législateur (3) et magistrat (4)

(1) Aulu-Gelle, *Nuits attiques*, I, 20.

(2) Giraud, *Hist. du droit romain*, p. 139. — Discours d'Appius dans Denys d'Halicarnasse. — Montesquieu, *Esp. des lois*, liv. XXII, chap. 22.

(3) Denys d'Halic. XI (*traduct. latine*).... Olim eorum reges jus petentibus constituebant atque *lites* dirimebant, et quod ab illis fuisset judicatum id vim legis habebat.

(4) Cicéron, *De Repub.* V, 2. «..... nec verò quisquam privatus erat disceptator aut arbiter litis, sed omnia conficiebantur judiciis regiis.....»

de ces temps primitifs, convaincus et condamnés comme violateurs de la religion du serment, finalement privés de la famille, de la cité et de la liberté, et dévoués aux dieux infernaux.

Ainsi tout s'exploite tour à tour : la sainteté des serments et la foi religieuse des premiers âges, qui ne voit dans ses dieux que des divinités cruelles et inexorables se plaisant à la vengeance et demandant l'expiation.

Ainsi la plèbe, malheureuse et sacrifiée aux intérêts des grands, esclave de la foi jurée parce qu'elle n'a d'autres contrats que sa parole, la considère comme un sanctuaire inviolable que nul ne doit profaner, et ne murmure point contre de telles rigueurs.

Tout est profit pour le patriciat excepté la haine qui s'amasse sourdement contre lui. Propriétaire de la presque totalité du sol, il a de nombreux esclaves pour cultiver et ensemencer ses champs pendant qu'il court les hasards de la guerre ; tandis que le plébéien sans ressources, laisse ses terres sans culture et sa famille exténuée, pour prendre à l'ennemi un butin dont il n'a déjà plus sa part ou un sol que les lois attribuent à l'Etat, et comme à cette époque il n'existe encore ni art, ni commerce, non plus que ces mille professions lucratives qui sont la vie du menu peuple, le patricien seul peut être réellement riche et capitaliste, et grâce au prêt à intérêt, tenir comme dans un vaste réseau toute la plèbe enchaînée à sa domination.

Elle dut bientôt chercher un moyen de se soustraire aux dures exécutions de l'*addictio*. Placée dans cette alternative d'emprunter sans pouvoir rendre ou de mourir de faim, le choix n'était même pas possible; aussi chaque échéance amenait les débiteurs pieds et poings liés à la porte des patriciens, tous invoquant comme une faveur d'être soustraits aux rigueurs du droit; et quand on leur offrit de servir dans la maison du créancier en se donnant à lui avec leur famille et leurs biens, ce nouveau genre de servitude dut être considéré relativement comme un bienfait. Que si cette condition presque servile semblait encore trop dure aux débiteurs, leur résistance était aisément vaincue par la menace d'une addiction irrévocable. Tel était l'épouvantail dont on se servait pour imposer à leur servitude de fait des conditions impitoyables, stipuler des intérêts exorbitants, et par là rendre désormais leur libération impossible. Une fois lié par cet engagement (*nexum*) qui se substituait, en quelque sorte, à la dette, le nouveau *nexus* échappa aux sévérités de la coutume et se trouva trop heureux de pouvoir conserver avec sa vie une liberté purement nominale. Il y avait donc réellement dans ce contrat un adoucissement considérable à l'âpreté rigoureuse du droit. D'un autre côté, le créancier ne pouvait se refuser à un tel accommodement : à supposer que sa générosité n'eût pas suffi à l'admettre, son intérêt était là pour le lui dicter ; il conduisait dans sa maison un homme auquel il avait fait grâce de la vie et qui pourrait à l'occasion prêter son concours à des vues ambitieuses ; outre ses biens actuels et l'éventualité de ses acquisitions futures, il avait pour se désintéresser le travail de cet homme, celui de ses enfants et même de sa femme, si elle était sous la puissance (*in manu*) de son mari. Une *addictio* poussée à ses plus extrêmes conséquences eût anéanti d'un seul coup le débiteur et la dette.

C'est en présence d'un semblable résultat, qu'on vit les emprunteurs eux-mêmes préférer à un prêt pur et simple sous condition de remboursement, l'engagement réel et immédiat de leur corps au moment de l'emprunt ; ils évitèrent ainsi de traiter sous l'empire de la crainte ; agissant avec plus d'indépendance, ils purent insérer dans la loi du contrat (*lex mancipii, nuncupatio*) des conditions moins onéreuses, et se ménager de la sorte un retour possible à la liberté.

Il suffit de ces premières considérations pour déterminer d'une manière précise l'origine et les éléments divers de la querelle des dettes à Rome. L'inégalité avait fait les classes, la misère avait fait les dettes, et, à leur suite, l'impitoyable sévérité des exécutions contre la personne, qu'elles résultassent d'une condamnation ou d'un engagement. Mais ce n'est point animée à la conquête d'une égalité chimérique que la plèbe veut des réformes; elle ne réclame pas non plus l'abolition de l'engagement corporel; elle est plus modérée dans sa demande. L'avidité ambitieuse du patriciat avait réduit les débiteurs à un sort misérable; tandis que d'une part des usures énormes (*usuræ*) entravaient leur libération, de l'autre et sans égard pour cette bonne foi dont ils savaient à leur profit revendiquer le rigoureux bénéfice, les grands traînaient dans leur prison des infortunés qui s'étaient bien à la vérité engagés aux travaux des esclaves, mais que la loi du contrat garantissait contre les mauvais traitements, la flagellation, les chaines et autres cruautés sans résultats. Ce qu'ils réclamaient c'était l'observation de la convention; et quand on répondit à leurs plaintes en remettant les dettes, c'est qu'on voulait perdre leur cause. On préférait leur donner en apparence tous les torts, par ces libéralités excessives, qui revêtaient aux yeux de l'opinion le caractère d'une spoliation. On sentait le besoin de se montrer libéral, quand il ne fallait qu'être juste. Du reste, ces grandes dérogations n'avaient qu'un temps : les patriciens achetaient à ce prix, la faculté de maintenir comme principe l'arbitraire au lieu du droit, et de faire revivre à volonté l'oppression de la dette. Au surplus ils n'ignoraient pas que les lois répressives aggravent le sort des obérés par leur exagération; car, la foi dans les contrats étant perdue, nul ne veut plus prêter que pour d'énormes profits, et il faut alors payer et pour le prêt lui-même et pour les dangers publics du prêt.

Deux modes de procéder semblent s'offrir tout d'abord :

le premier consisterait à déterminer la nature et les caractères constitutifs de *l'addictio* et du *nexum*, et ces deux types
une fois ressuscités, à les promener à travers l'histoire des
premiers siècles de Rome pour assister aux transformations
profondes, opérées par la révolution progressive des idées et
le contact de la civilisation. Nous devrons suivre une marche inverse. Les incertitudes des premiers âges, cette demi-
obscurité qui plane au berceau des nations, sont des ténè-
bres que l'histoire aidera seule à dissiper. A prendre les
civilisations dans leur première jeunesse, le temps manque
qui fait la coutume; et la coutume est le droit primitif des
peuples. Aussi bien, c'est de leur vie extérieure et des conditions de leur organisation sociale que nous devons remonter à la nature intime des lois, quand elles n'ont point été
conservées par l'écriture qui sauvegarde tant de choses contre l'oubli du temps. Puis, comme il est vrai de dire, qu'en
général les codes primitifs se ressemblent à l'origine, et ne
commencent à diverger que lorsque les exigences sociales
obligent le législateur à des développements de détail, nous
puiserons dans leur étude plus d'une analogie précieuse.
Finalement, à l'aide de ces éléments divers, nous nous atta-
cherons avec de nouveaux détails à déterminer d'une manière précise la condition (1) que le vieux droit de Rome
avait faite aux anciens *nexi*. Ces considérations ont dicté
l'ordre des chapitres suivants.

---

(1) La condition des *addicti* est l'objet d'un chapitre spécial détaché de cette
étude.

CHAPITRE II

Aperçu historique

On s'accorde à regarder comme législation d'Ancus le plus ancien droit coutûmier des plébéiens, de même que les droits des patriciens passent pour être des trois premiers règnes. Numa avait négligé la question des dettes (1) ; et depuis Romulus (2) les annales ne mentionnent aucune distribution de terres.

L'histoire rapporte qu'Ancus Marcius augmenta la population de Rome, en y transportant, après leur défaite, des milliers de Latins auxquels on donna le droit de cité (3), et fit des terres conquises (4), un partage qui lui valut dans les anciens poèmes le surnom de *Bon* (5), et lui attira plus tard, de la part de Virgile, le reproche d'avoir brigué la faveur du peuple. Mais ce ne sont point là des motifs suffisants pour placer à cette époque (6), sur la foi d'une correction faite par Scaliger au manuscrit évidemment altéré de Catulle (7), la naissance de la plèbe. Rome, depuis la division opérée par Romulus (8), avait accueilli dans son sein bien des tribus errantes et s'était assimilé bien des peuples : telle

---

(1) Bayle-Mouillard, *Empris. pour dettes*, p. 16.
(2) Varron, *De ling. lat.* liv. V, § 55.
(3) Denys d'Halicarnasse, liv. III, 50.
(4) Cicéron, *De Repub.* II, § 18. — D'après les idées romaines toute propriété foncière émanait de l'Etat et dans la réunion des nouveaux territoires cette propriété lui était déférée et par lui conférée de nouveau.
(5) Ennius — Lucrèce — Zonaras dit aussi en parlant d'Aucus, ἐπιεικὴς ὢν.
(6) Niebuhr, *Hist. romaine*, tome II, page 69, note 97.
(7) Catulle, *Hymne* 34 *à Diane*, strophe dernière.
(8) Cicéron, *De Repub.* liv. II, 9.

fut sa politique constante dans sa première période d'accroissement (1). Il est seulement vrai de dire que ces nouveaux habitants, bien que distribués dans les curies (2), ne furent pas tous rattachés aux *gentes* patriciennes par les liens de la clientèle, et eurent dans la cité une position particulière.

Un autre fait saillant du règne d'Ancus, et de la plus haute importance en ce qui concerne les mœurs et les lois, est l'arrivée de Tarquin à Rome, avec sa suite nombreuse et ses immenses richesses. Malgré les savantes conjectures de Niebuhr (3) pour restituer la vérité historique et prouver l'origine latine de la famille de Tarquin, on ne saurait affirmer qu'il n'y ait aucun fondement à ce récit des anciennes annales qui, au rapport de Polybe, donne pour père à Tarquin un habitant de Corinthe à la fois noble, commerçant et navigateur, Démarate, forcé comme tant d'autres Bacchiades de quitter sa patrie pour éviter les vengeances de Cypselus, qui, ligué avec la commune, avait renversé l'oligarchie et se vengeait de ceux qui avaient menacé sa vie. Cette tradition, bien que se présentant dépourvue de toute fixation chronologique, peut être pourtant traduite en langage historique. Cicéron y ajoute foi et en prend texte pour dire qu'alors affluèrent à Rome les sciences et les arts de la Grèce, non comme un faible ruisseau, mais comme un fleuve immense (4). Grande devait être déjà l'influence et la force de ces émigrés de Corinthe, pour que Rome n'hésitât pas à les

(1) La plèbe n'aurait pas décerné à Ancus le surnom de Bon, si c'était à lui qu'elle eût été redevable de sa condition inférieure et dominée.

(2) Denys d'Halic. III, 59.

(3) Niebuhr, *Hist. rom.* t. II, page 91, cherche à établir que la caractère grec ne se rencontre dans aucun monument de l'époque.

(4) Cicéron, *De Repub.* II, 19. «.... Influxit enim non tenuis quidem è Græciâ rivulus in hanc urbem, sed abundantissimus amnis illarum disciplinarum et artium.....» — Cette colonie émigrée à Tarquinies avait, outre les beaux-arts de la Grèce (Pline, *Hist. nat.* XXXV, 5-43.), enseigné à l'Etrurie l'écriture littérale. (Tacite, *Annales*, XI, 14.)

accueillir sans condition dans son sein, et à les décorer du titre de citoyen dont elle n'était pas encore avare. Comme les Latins amenés par Ancus, ils furent distribués dans les curies ; comme eux pour la plupart ils durent rester étrangers aux familles patriciennes et ne point être compris dans les liens de la clientèle. Peut-être durent-ils plus tard à cette sorte d'isolement d'être les premières victimes de l'acharnement aristocratique et de l'oppression par la dette.

Toujours uni contre le menu peuple, mais divisé à chaque royauté nouvelle, le patriciat perdait son influence prépondérante dans les comices et ne faisait plus les rois à son gré ; tandis que chaque *gens* patricienne revendiquait pour son chef la dévolution suprême du pouvoir et agitait dans ce sens ses partisans et ses clients, il laissait en réalité à la plèbe indépendante et hors du lien de clientèle, le pouvoir de nommer les rois ; elle en usa dans un sens libéral. Protecteur avoué des débiteurs parmi lesquels il s'était créé un parti puissant (1), pris hors du sein de l'aristocratie et nommé roi à la mort d'Ancus sous l'appellation de Tarquin, le fils de Démarate fut le premier élu du peuple.

Outre la transformation de Rome, il commença contre l'oligarchie patricienne la révolution que Servius dut accomplir, donna accès au sénat à cent cinquante chefs de familles anciennes d'origine bien que nouvelles dans la cité, qui avaient formé, par la franchise perpétuelle de leur lignage, des *gentes* plébéiennes ; mais ce premier essai fut impuissant à fusionner l'aristocratie et la plèbe, qu'une ligne de démarcation sépare même aux champs convertis en arène et destinés aux premiers jeux publics (2). Entouré de partisans nombreux pourvus d'immenses richesses, et n'ayant pu, après des ménagements extrêmes, en mêler qu'un petit nombre à l'ancienne aristocratie de la cité, il

(1) Denys d'Halic. V, 53.
(2) Tite-Live, I, 35. « .... Loca divisa patribus equitibusque.....»

avait médité cette division en centuries, dont son successeur
Servius devait éprouver le premier l'ingénieux mécanisme.
Dégrever le petit peuple, en remplaçant l'impôt qui n'était
jusque-là qu'une capitation arbitraire (*viritim*) par une
taxe proportionnelle à la fortune, et en le dispensant
jusqu'à un certain point du service militaire, n'était-ce point
là un double et véritable remède à la gêne croissante du
prolétariat, aux emprunts ruineux suivis d'usures exorbi-
tantes, entraînant presque toujours privation de liberté pour
le malheureux débiteur qui allait dans les prisons patriciennes solder une dette écrasante, par le gage vivant de son
corps? L'augure Attus Navius l'avait interrompu dans ses
projets de réforme, et la mobilité de la science augurale
était encore trop utile au pouvoir pour qu'il osât lui-même
la dénier publiquement.

Ces réformes, Servius se chargea de les accomplir. Quel
que soit le mystère de sa naissance et les divers prodiges
qui l'accompagnèrent et révélèrent au peuple sa prédestina-
tion au trône (1); qu'il fût bâtard du roi comme l'admet
Cicéron (2), ou issu de l'esclave Ocrisia par une manifes-
tation du dieu Vulcain ou le génie domestique (3), et né
lui-même esclave comme semble le trahir l'origine de son
nom Servius (*Servus*); ou qu'il ait réellement cette origine
étrusque, que, d'après les anciennes annales, l'empereur
Claude (4) lui attribue; devenu gendre de Tarquin, étranger lui-même à la vieille aristocratie de Rome, il hérita à la
fois de son trône et de ses projets. Déjà du vivant de son
beau-père, dépositaire en fait du pouvoir suprême, il
sut en profiter habilement pour dissimuler le meurtre

(1) Ovide, *Fastes*, VI, v. 625 et suiv. 577. — Denys, IV, 2. — Plutarque, *De
fortuna Romanorum*, p. 323.
(2) Cicéron, *De Repub.* II, 21.
(3) Ovide, *Fastes*, VI, v. 625 et suiv.
(4) *Oratio*, de l'empereur Claude sur l'admission de quelques Gaulois de la
Gaule lyonnaise au sénat.

de ce prince par les descendants de Marcius, et souverain de fait avant l'investiture (*non commisit se patribus*), la cendre de Tarquin était depuis longtemps refroidie quand les curies lui conférèrent l'*imperium* (1).

Au dire des anciennes annales, Servius Tullius était, après Numa, celui qui avait la moindre réputation militaire; les chants populaires qui conservèrent sa mémoire, vantaient surtout la générosité avec laquelle il employa ses richesses royales à éteindre les dettes des citoyens appauvris et à racheter les esclaves nés libres, et le célébraient comme l'auteur de tous les droits des citoyens et de toutes les institutions politiques (2), de même qu'on faisait honneur à Numa de tout ce qui concernait le culte des dieux. La législation que la postérité a marquée de son nom, fut donc pour le menu peuple une ère de progrès libéral, et pour les colères dès longtemps amassées un temps d'apaisement et d'oubli.

Tous ses prédécesseurs, à l'exception de Tarquin, avaient oublié ou méconnu la question des dettes. Servius trouva le peuple écrasé sous leur poids, faisant de la liberté son moyen de crédit et payant avec la servitude ce qu'il ne pouvait solder avec la chose stipulée; il promit, avant d'être roi, d'abolir l'esclavage pour dette, de défendre la convention par laquelle le corps d'un homme libre était obligé comme un gage mobilier. « Lorsqu'un citoyen, dit-il dans « le discours que Denys place dans sa bouche, aura em- « prunté une somme d'argent, je ne permettrai pas à celui « qui aura prêté de le conduire dans les fers ; mais (3) je « ferai une loi d'après laquelle il n'aura aucun pouvoir sur

(1) Cicéron, *De Repub.*, II, 21. — Denys, *Antiq. romaines*, IV, 12.
(2) Tite-Live, I, 42.
(3) Denys, IV. « ....ἀλλὰ καὶ νόμον θησομαι μηδένα δανείζειν ἐπὶ σώμασιν ἐλευθέροις ἱκανὸν ἡγούμενος τοῖς δανεισταῖς τὰς οὐσίας τῶν συμβαλλομένων κρατεῖν....»

2

« le corps de l'homme libre ; il suffit qu'il se puisse désin-
« téresser sur les biens du débiteur. » Ce ne seront plus,
ajoute-t-il, les patriciens usurpateurs qui posséderont les domaines, mais les plébéiens qui les ont gagnés de leur sang.
Ainsi la loi agraire était également rapportée à cet auteur
commun de tous les droits (1).

Les intérêts des patriciens semblaient trop opposés à de
telles réformes pour qu'ils y pussent donner autre chose
qu'une approbation forcée ; aussi ils accueillirent avec hu-
meur et amertume les lois sages de Servius et se montrèrent
hostiles à ce prince. Retranchés dans leurs maisons fortes,
qu'ils occupaient comme les nobles du moyen-âge dans
des positions redoutables sur le penchant des collines, entourés de leur famille, clients et esclaves, disposés à braver
à toute extrémité la puissance royale, ils n'en refermèrent
pas moins les portes de leurs prisons privées sur de malheureux débiteurs. Servius, pour vaincre leur résistance,
dut leur assigner dans la plaine un quartier spécial, hors
duquel ils ne pourraient désormais établir leur demeure (2).

Tel fut le moyen énergique qu'il employa pour faire respecter ses lois, donner satisfaction au peuple, et pourvoir
en même temps à sa propre sécurité.

Ses soupçons étaient sans doute fondés, et l'on peut regarder comme historique le complot des patriciens avec un
chef pervers contre ce respectable roi. S'il faut en croire
Tite-Live, Denys et Plutarque (3), il nourrissait le projet de
déposer la couronne et d'établir lui-même le gouvernement
consulaire lorsqu'il mourut assassiné. La mémoire de ce chef
vénéré vécut longtemps parmi le peuple ; il était né un jour
de Nones, et le peuple les fêtait tous pour ne point oublier
le jour anniversaire. Bien des siècles plus tard, à une épo-

---

(1) Denys, IV, 9.
(2) Festus, V° *Patricius vicus.*
(3) Tite-Live, I, 48. — Denys d'Halic. IV, 49. — Plutarque, *De fortuna Romanorum,* p. 324.

que où le gouvernement consulaire était concentré entre les mains du patriciat, le sénat dut décider par mesure de prudence que les marchés n'auraient point lieu ces jours-là, de peur que le peuple des campagnes réuni à celui de la ville et ramené aux souvenirs d'un temps meilleur, n'entreprit selon Macrobe (1), de rétablir par la violence les lois du martyr.

Tel était le caractère des réformes de Servius, qu'elles lui avaient attiré d'un seul coup et la faveur populaire et la haine du patriciat.

Jusqu'à cette époque, on était subvenu aux dépenses de l'Etat par le butin fait sur les ennemis, et par un impôt qui était une capitation fixée arbitrairement, sans égard pour la fortune de chaque individu. Servius, en organisant la nouvelle division par centuries, que Tarquin avait vainement essayé de faire prévaloir contre les superstitions augurales, avait formé cette ingénieuse répartition de manière à concilier toutes les exigences : le vote dans les comices, l'impôt, le service militaire.

Le temps n'était point encore venu où le peuple prétendrait hautement à l'égalité politique et civile ; ses demandes se bornaient à l'amélioration de sa position privée, à l'exemption de charges trop lourdes comme l'impôt et le service militaire à ses frais (2), qui, devenant pour lui une occasion forcée de dépenses, ruinaient son patrimoine, nécessitaient l'engagement de sa liberté, l'emprisonnement et ces divers supplices qu'avait prescrits, à défaut de loi, la cruauté patricienne. S'il en avait été autrement, comment expliquer que les lois de Servius eussent été si vénérées par la classe plébéienne, alors qu'elles assuraient aux patriciens opulents de la cité la prépondérance dans les nouvelles

---

(1) Macrobe, *Saturnales*, I, 13. — Niebuhr, *Hist. rom.*, p. 86 et suiv.

(2) Saint Augustin, *De civit. dei*, II, 18. «... Fœnore oppressa plebs cum assiduis bellis tributum simul et militiam toleraret....»

assemblées ? En effet, dans les *comitia centuriata*, les suffrages se comptent par centuries et à la majorité ; or, sur
194 centuries , nombre total d'après Tite-Live, ou 193 d'a-
près Denys (1), il y a 18 centuries de chevaliers et 80 centuries de la première classe, c'est-à-dire composées de citoyens ayant chacun 100,000 as. Puis l'ordre dans le vote
étant ainsi fixé, d'abord les centuries de chevaliers, ensuite
les centuries de la première classe, l'entente aristocratique (2)
suffit pour faire la loi, si bien qu'au rapport de Tite-Live (3)
il était rarement nécessaire d'appeler la deuxième classe.
Si l'on ajoute à cela que les comices n'ont aucun droit d'a-
mendement ; qu'au cas de division dans la première classe
et de déplacement de la majorité, ils peuvent être ajournés
ou suspendus ; que l'*auctoritas* du sénat donne seule à leurs
décisions force de loi (4) ; et qu'en définitive tout se passe,
sous ce rapport, comme dans les premières (5) assemblées
du peuple romain ; il est facile de se convaincre qu'on doit
rechercher ailleurs les motifs de la haine puissante que le
patriciat avait vouée à Servius.

Ces premières réformes avaient appris aux plébéiens que
les traditions ne sont pas immuables et que le changement
des vieilles coutumes n'avait point irrité les dieux.

Le dénombrement censitaire leur avait fourni l'occasion
de se compter et de prendre conscience de leur force. Enfin
d'après l'organisation nouvelle , au dire de Tite-Live si
complet sur cette matière, tandis qu'au-dessous d'un avoir
de 11,000 as la multitude devint franche d'impôt (6), les

---

(1) Denys d'Halic. IV, § 20 et suiv.

(2) La majorité était de 97 voix, et il y avait 98 centuries tant de chevaliers
que de ceux de la 1re classe.

(3) Tite-Live, I, § 43.

(4) Cicéron. *De Repub.* I, § 32.

(5) Les comices par curie fonctionnent encore concurremment avec les comices par centuries.

(6) Tite-Live, I, § 43 et suiv. — Denys, liv. IV, § 20 et suiv. fixe ce chiffre à
12,500 as.

riches furent sensiblement atteints dans leur fortune par cette division des citoyens en cinq classes, suivant le chiffre de leur avoir, qui remplaça l'impôt personnel jusque-là en vigueur, et fit peser les charges de l'Etat sur chacun proportionnellement à ses moyens. Toutefois le peuple ne fut point affranchi aux mêmes conditions du service militaire ; d'après Festus (1), on aurait fait à ce sujet une nouvelle distinction : tous ceux qui possédaient moins de 11,000, mais plus de 1,500 as, formaient une catégorie supplémentaire d'hommes dispensés à la vérité de s'équiper à leurs frais, mais devant suivre l'armée dans leur vêtement ordinaire et prendre l'armement de ceux qui tomberaient dans le combat (2). Les événements rendirent bientôt insuffisante cette dernière réforme. Les guerres que Rome eut à soutenir se succédant presque sans intervalle, cette charge devint très-onéreuse pour les plébéiens, d'abord pour ceux qui se trouvaient en dehors des liens de la clientèle, et plus tard, lorsque ce lien commença à se relâcher, pour le client lui-même, qui trouva désormais dans son patron un usurier d'autant plus avide qu'il connaissait mieux ses besoins, au lieu de ce protecteur libéral qui, durant la vie longue et orageuse des camps, soutenait autrefois et sa famille et ses intérêts.

La contre-révolution aristocratique opérée par le second Tarquin et les patriciens, rejeta les plébéiens si loin des justes avantages qu'ils avaient obtenus, qu'il leur fallut des siècles pour vaincre la tempête et les courants, et pour rentrer dans le port où les avait placés cette législation royale (3). La disposition bienfaisante qui abolissait les exécutions contre la personne du débiteur fut abrogée par ce prince, et les patriciens surent en empêcher le rétablissement pendant plus de deux cents ans encore après l'expulsion

---

(1) Festus, V° *Adscriptitii.*
(2) Varron, *De linguâ lat.* liv. VII, § 56.
(3) Niebuhr, *Hist. rom.* t. II, p. 171.

des rois. A en croire le témoignage de Denys (1), il aurait
même détruit les tables où était gravée la législation de
Servius ; ce qui expliquerait pourquoi dans son Recueil,
dont Pomponius (2) place la rédaction à cette époque,
Papirius n'aurait point compris des lois que ce prince avait
abrogées (3). Quoi qu'il en soit, dans la suite l'histoire nous
montre l'esclavage pour dettes subjuguant le petit peuple
au profit d'une aristocratie avare et cruelle.

Tarquin ruina autant qu'il était en lui la liberté plébéienne ; ce fut le prix auquel ses complices lui accordèrent
la dignité royale. Mais s'il parvint à supprimer les droits du
citoyen, vainement il essaya de faire tomber leur auteur
dans l'oubli.

Cependant les opprimés eurent bientôt la triste consola-
tion de voir se changer en consternation la joie de leurs ennemis ; de même qu'en Grèce, à l'époque de la tyrannie,
l'aristocratie fut le premier objet des inquiétudes et de l'avidité de l'usurpateur. A l'aide d'une milice dévouée et qui lui
devait sa création, il commença bientôt à régner selon son caprice, confisquant les biens des uns, immolant les autres à ses
craintes ambitieuses, dépeuplant par l'exil un sénat que la
faiblesse du nombre rendait désormais impuissant. Etrange
fortune des choses humaines : ce fut à l'extrême tyrannie du
prince que par un singulier contre-coup le peuple dut un
soulagement à ses misères. Le patriciat avait élevé Tarquin
au trône pour enlever au peuple les libertés de Servius, et
ériger de nouveau la saisie corporelle du débiteur et le prêt
à intérêt en moyen de domination ; mais lorsque le pouvoir
tyrannique, s'affranchissant de tout contrôle, eut retourné
ses forces vives contre une aristocratie rivale, le rôle des

(1) Denys, IV, 43.
(2) Dig. (1.2) *De orig. jur.* l. 2, § 2. fr. Pomponius.
(3) Suivant Niebuhr, il serait fort possible que ce soit uniquement sur ce qu'on
ne les trouva point dans la collection de Papirius, que repose le récit de leur
haineux anéantissement.

riches changea désormais. De rivaux du pouvoir monarchique qu'ils avaient été sous les premiers rois, ils étaient devenus sous le despotisme de fer de Tarquin les esclaves de la monarchie, et lorsqu'ils ressentirent la main puissante du chef qu'ils s'étaient donné eux-mêmes, trop faibles pour s'engager seuls dans une lutte qui leur semblait inégale, ce fut à leur tour de se faire courtisans du peuple (1). Cette politique intéressée, qui faisait tendre la main à ce qu'ils avaient le plus haï et pactiser avec leurs anciens ennemis, valut au menu peuple des adoucissements transitoires. Afin de se ménager la faveur de la multitude, les créanciers furent modérés à l'égard des débiteurs, et la législation sauvage du *nexum* cessa pour quelque temps d'être pratiquée avec son extrême barbarie.

Je ne sais quel souffle de liberté semblait alors passer sur le monde. Athènes venait de se soustraire à la tyrannie des Pisistratides ; les Athéniens affranchis dressaient des statues à leurs libérateurs et rétablissaient l'Etat populaire ; avec la liberté d'Athènes, la grande gloire de la Grèce allait commencer. Rome aussi n'attendait qu'un prétexte pour se défaire de ses tyrans.

Tarquin-le-Superbe avait rendu par ses violences la royauté odieuse : le viol de Lucrèce fut le signal de la révolte. Suivant Tite-Live (2), tous les ordres de l'Etat étaient animés du même sentiment ; Brutus enflamma les citoyens par ses harangues et convoqua l'assemblée du peuple.

On sait quelle fut l'issue de cette lutte : la royauté abolie, le roi et les siens condamnés à l'exil.

Après l'expulsion des rois, les gouvernants se montrèrent bienveillants ; les douanes furent abolies, et pour obvier à l'usure des marchands, la ville fit elle-même le commerce du

(1) Lev. de la Mars.*Hist. de la contr. p. c.* p. 5.
(2) Tite-Live. Voir la fin du livre I, § 59 et suiv.

sel (1). Tout le système de taxation arbitraire retrouvé sous le dernier règne fut mis un instant de côté ; les lois Valériennes rétablirent les lois tutélaires de Servius en ce qui concerne l'existence, la sécurité personnelle et l'honneur des citoyens ; enfin, pour rendre plus populaire le régime nouveau, les premiers consuls partagèrent entre les plébéiens les domaines ruraux de la couronne et remirent en vigueur les lois qui interdisaient de mettre les personnes en gage. Les assertions de Denys (2) ne laissent aucun doute à cet égard.

C'est ici que nous devons noter l'origine de la dictature, qui concentra pour un temps dans une main patricienne (3) l'absolutisme du pouvoir (4). Menacée à l'extérieur par les armées que Tarquin avait suscitées contre elle, Rome eut recours à ce remède vigoureux ; et les dangers de la nouvelle république furent le prétexte apparent de sa création. Mais le but caché de l'institution de cette charge fut évidemment d'éluder les lois Valériennes et de rétablir l'*imperium* sur les plébéiens (5) ; car l'appel à la commune (6), concédé pour les jugements des consuls, ne l'était pas pour ceux émanés de cette nouvelle magistrature. Il en résulta dans la suite que, même au moment de la plus grande puissance des tribuns, on n'osa plus user de ce droit ; on craignait de donner par là prétexte à la nomination d'un dictateur, qui inspirait tant d'effroi (7). C'est ainsi que

(1) Tite-Live, II, 9.

(2) Denys, V, 2, s'exprime ainsi : « ..... καὶ τοὺς νόμους τοὺς περὶ τῶν συμβολαίων...ἀνενεώσαντο...»

(3) Ce ne fut que vers l'an 398 que C. Marcus fit admettre les plébéiens à cette dignité.

(4) Denys d'Halic. V, 70 et 73.

(5) Zonaras, II, p. 21.

(6) Cicéron, *De Repub.* II, § 31, Sur l'ancienneté de ce droit d'appel au peuple : «...Provocationem autem à regibus fuisse declarant pontificales libri significant nostri etiam augurales. »

(7) Tite-Live, II, 18, « ... Creato dictatore... magnus plebem metus incessit... Neque enim ut in consulibus qui pari potestate essent alterius auxilium neque provocatio erat neque ullum usquam nisi in curâ parendi auxilium. »

l'aristocratie se constituait d'avance un nouveau moyen d'opprimer le peuple.

Salluste nous apprend que les gouvernants demeurèrent fidèles à la justice et à la modération autant que Tarquin fut à craindre, et jusqu'à ce que la grande guerre d'Étrurie fut terminée ; mais la peur des Tarquins passée, on en revint au vieux droit (1). Les patriciens traitèrent les plébéiens en véritables esclaves, les expulsèrent du domaine public, et s'emparèrent exclusivement et sans contrôle du gouvernement de la république. Cette réaction fut on ne peut plus fatale aux malheureux débiteurs : « Le premier cri de la liberté romaine fut pour les obérés le signal de l'esclavage (2), et se jouant à la manière des tyrans de leur personne et de leur vie, les prôneurs de l'égalité dans le Forum s'ingénièrent dans leurs maisons à inventer de nouvelles tortures contre le corps de leurs débiteurs. »

La plèbe ne vit pas sans frémir l'oligarchie patricienne aidée par les terreurs de la dictature, se trouver assez puissante pour ramener (3) l'ancienne législation des dettes : nous disons ramener, car il est difficile de croire que cette législation du *nexum* qui avait déjà été deux fois abolie, soit restée intacte lors de la paix entre les deux ordres et que la population plébéienne n'en ait point avec exigence réclamé la suppression. Telle est au surplus l'opinion de Denys, et il est difficile de ne la point admettre, à moins d'aller jusqu'à révoquer en doute les réformes de Servius et de nier avec quelques auteurs (4) la réalisation des promesses de ce roi. Encore est-il que dans cette dernière interprétation, on explique les mêmes faits en conjecturant d'une manière générale, que la suppression de l'engagement conventionnel

---

(1) Tite-Live, II, 21.
(2) Lev. de la Mars. *Hist. de la Cont. p. corps*, p. 4.
(3) Denys, V, 2.
(4) Saumaise, *De modo. usur.* p. 807.

de son corps pour l'acquit d'une dette, ne fut jamais radicale; mais qu'elle eut lieu en fait sous forme de suspension d'hostilités entre les deux ordres, d'adoucissement dans les rapports et de non-exercice des mesures coërcitives et arbitraires, suivant que ligué contre le trône ou divisé pour le trône, le patriciat avait besoin, par des concessions momentanées et une modération apparente, de s'assurer les suffrages du peuple.

Quoi qu'il en soit, nous ne placerons pas avec Tite-Live (1) à la même date (259 de Rome) la mort de Tarquin, le changement de conduite des patriciens et la première sédition commencement de ses effets; cela paraît par trop invraisemblable. Il est à supposer que cet auteur a dû recourir à quelque annaliste qui racontait la marche croissante de ce mal, et que pour le moment où il était parvenu à sa maturité, il en aura par forme d'introduction rappelé les progrès (2).

Opprimés par les excès, écrasés surtout par l'usure (3), les plébéiens sont enfin poussés à la révolte. En temps de paix comme en temps de guerre, leur situation était devenue intolérable. Pauvres, obligés cependant de concourir comme le riche à la défense de Rome et d'abandonner la charrue pour le maniement du glaive (4), pendant qu'ils paient de leur personne, ils doivent laisser sans culture des terres dont les fruits suffisent à peine aux besoins de leur famille : « En ceignant notre épée pour la patrie, nous « signons, disent-ils, notre ruine sans espoir d'indemnité. « Dans l'impossibilité de subvenir à nos dépenses de soldats, « nous avons recours à des emprunts onéreux. Pendant « notre absence les intérêts de nos dettes grossissent le

(1) Tite-Live, II, 21.
(2) Niebuhr, *Hist. rom.* t. II, p. 369.
(3) Tite-Live, II, 29. «....Totam plebem ære alieno demersam esse....»
(4) Denys, VI. — Tite-Live, II, 23.

« capital. A notre retour de la guerre, où nous avons con-
« tribué par nos efforts au succès des armes romaines, au
« lieu du triomphe destiné aux vainqueurs, nous trouvons
« les lourdes chaînes destinées aux vaincus. Cela n'est pas
« juste ; il faut distinguer entre l'honnête homme qui suc-
« combe sous le poids du malheur et le débauché qui em-
« prunte pour satisfaire ses passions. Or, nous demandons
« qu'une telle distinction soit établie, afin que les débiteurs
« véritablement dignes de pitié ne soient pas confondus
« avec ceux dont la conduite ne la saurait aucunement
« mériter. »

Ces plaintes n'étaient certes point exagérées. La plèbe
n'avait guère recours à ces arts et à ces professions mer-
cantiles inconnus avant le premier Tarquin, et rares à Rome
depuis cette époque. Ne possédant pour ressource que l'agri-
culture ou la guerre, sa petite récolte ou sa part de butin,
elle est souvent réduite à emprunter des riches ; arrive
l'échéance, le débiteur est dans l'impossibilité de satisfaire
à son obligation ; il faut qu'il se livre, qu'il s'engage lui-
même (*nexus*) par la solennité *per æs et libram* dans la
servitude du créancier, sinon ce dernier se le fait attribuer
en propriété par le magistrat à l'instar d'un esclave (*addictus*) et l'emmène comme son bien. Ainsi un homme flétri par
la sentence et par l'opinion publique perd dans les fers
l'exercice de sa liberté , quelquefois aussi le droit même
d'homme libre ; et comme si ce n'était pas assez pour un
citoyen que la dégradation et la servitude, on ajoutait encore
à ces douleurs morales les tortures du *nervum* (1) et de la
flagellation. Le plus grand des Pères de l'Eglise occidentale
adopte cette description (2) comme étant d'une vérité évidente. Ajoutons à cela les maux croissants de l'usure, et on

(1) Festus, Vᵒ *Nervum.*
(2) Saint Augustin, *De civitate Dei*, II, 18.

aura un tableau à peu près exact de l'oppression avide des patriciens et de la condition misérable de la multitude.

Le mal usuraire (1) avait pris peu à peu des proportions effrayantes. Ni loi, ni plébiscite n'étaient encore venus déterminer un maximum d'intérêt (2). J'ai peine à croire toutefois qu'une telle prohibition eût amené de bons résultats : plus on multiplia à Rome les entraves de l'usure, plus on rendit pesantes les chaînes des emprunteurs ; c'est ainsi que malgré les défenses de la loi Genucia, et les menaces de la loi Marcia qui autorisait la *manus injectio* contre tout préteur à intérêt, la misère alla croissant, jusqu'à ce que le législateur eût changé de système et prohibé le *nexum* lui-même, qui était un des moyens principaux employés pour éluder les lois contre l'usure (3). Les exactions des préteurs étaient arrivées à un point excessif, la plèbe en était accablée (*mersa et obruta*). Abandonné au bon plaisir des riches, le taux de l'intérêt offrait une variabilité extrême (4) et n'ayant d'autres limites que la concurrence des préteurs, s'accroissait avec l'infortune de la dette.

Jusqu'ici l'attitude des plébéiens avait été digne et respectueuse.

---

(1) Tacite, *Annales*, VI, 16. « ..... Sanè vetus urbi fœnebre malum, et seditionum discordiarumque creberrima causa ; eoque cohibebatur antiquis quoque et minùs corruptis moribus. »

(2) Tacite, *Annales* VI, 16. « ..... nam *primò* XII Tabulis sanctum ne quis « unciario fœnore ampliùs exerceret, quàm anteà ex libidine locupletium « agitaretur. » — Tite-Live, VII, 16, attribue cette fixation à un plebiscite postérieur vers l'an 393 de Rome. « ... Haud æquè læta patribus insequenti « anno C. Marcio, C. Manlio Coss. de unciario fœnore à M. Duilio, L. Mœnio tribunis plebis rogatio est perlata et plebs aliquandò eam cupidiùs scivit ac- « cepitque. »

— Caton, *De re rusticâ*, proœm. — Asconius, *In Cic. divinat.* c. 7, suivent l'opinion de Tacite.

(3) Gaius, IV, § 23.

(4) Tacite, *Ann.* VI, 16. Loco cit. — Montesquieu, *Défense de l'Esprit des lois*, chap. de l'*Usure*. — Giraud, *Du prêt à intérêt chez les Romains*, chap. I. *Mém. de l'Inst. Acad. des sci. mor. et pol.* t. V, p. 384 et suiv. — Ant. Augustin, *Emendat. et opinion.* lib. 2, X (Lyon, 1574). — Saumaise, *De modo usurar.* et *De usuris*. aussi *Miscell. defensiones*.

En butte à des vexations de toute sorte, courbés devant l'inflexibilité patricienne, n'ayant pas même comme suprème recours la fermeté indépendante de la magistrature unique appui de la faiblesse; ayant pour chefs des patriciens, pour créanciers des patriciens, pour juges des patriciens créanciers eux-mèmes, qui avaient à servir leurs propres intérêts en protégeant énergiquement ceux des riches; privés, pour la plupart, des jouissances et des avantages de la propriété foncière; sujets à des taxes arbitraires, aux emprisonnements, à la flagellation; obligés parfois d'aliéner leur propres enfants pour désintéresser un créancier avide, et échapper eux-mèmes à l'exécution par corps qui eût été la ruine de toute leur famille; déchus des droits politiques, de la dictature, du sénat et du consulat; n'y avait-il pas dans cette situation inférieure et sujette assez de ferment de discorde?...

Une étincelle mit le feu à cet amas de matières combustibles; c'était sous le consulat de Servilius et d'Appius Claudius, ce patricien cruel et sanguinaire qui à chaque nouveau murmure savait donner le signal d'une plus étroite oppression. Chacun se souvient d'avoir lu dans l'histoire romaine cette scène de terreur, si admirablement dépeinte par Tite-Live, et heureusement reproduite par Vertot : « Echappé de la prison de son créancier, couvert de haillons, pâle et miné par la faim, un vieillard dont les cheveux et la barbe attestaient l'extrême misère, implore, avec l'accent de l'agonie, l'assistance des Quirites. Il raconte qu'après avoir pris part à vingt-huit batailles, après avoir vu sa maison et sa ferme pillées et consumées par le feu de l'ennemi, la famine durant la guerre d'Etrurie l'avait forcé à tout vendre; qu'ensuite il avait fallu emprunter (1); que la dette s'était accrue par

(1) Tite-Live, I, 23. «.... Æs alienum fecisse id cumulatum usuris primò se « agro paterno avitoque exuisse deindè fortunis aliis... Postremò velut tabem « pervenisse ad corpus. Ductum se à creditore, non in servitium sed in ergas- « tulum et carnificinam esse. »

l'usure; qu'après s'être dépouillé des champs de ses aïeux, et avoir fait appel à tous les moyens, cette usure, comme une lèpre, s'était attachée à son corps, et que le créancier, transformé en bourreau, ne s'était pas contenté de le tenir en servitude, mais l'avait chargé de chaînes et réduit aux plus cruelles tortures. On frémit en voyant sur son corps les marques sanglantes de traitements inhumains (1); plusieurs reconnurent dans ses traits défigurés un brave capitaine. La compassion et la fureur répandirent la multitude dans la ville (2). On vit se réunir ceux qui étaient engagés et ceux qui étaient libres, et tous réclamaient un remède à la détresse générale. »

On sait quelle fut l'issue de cette scène. Le consulat ne fut plus un sanctuaire inviolable, et le nom d'Appius Claudius, voué à l'exécration publique, apprit au sénat étonné que le titre de consul ne couvrait plus l'homme, et que c'était à l'homme à faire aimer et respecter les hautes fonctions de la magistrature (3). Ces faits nouveaux furent une leçon pour le sénat et lui apprirent à dissimuler.

Il fallait dissimuler, en effet; les dissensions intestines qui s'agitaient dans les murs de Rome étaient fatales à la république. Rivales de sa grandeur, épiant sans cesse le moment favorable pour prendre sur la cité victorieuse une éclatante revanche, les nations voisines, patientes dans leurs haines, savaient choisir le jour de l'attaque et profiter de ces discordes. Dans ces instants de crise suprême, on ne pouvait se passer du peuple, le sénat abaissait devant lui sa fierté et le flattait pour l'attirer à lui; mais quand la haine populaire parlait plus haut que l'honneur national, quand les flatteries étaient vaines, il fallait bien qu'on en vînt aux promesses.

---

(1) Tite-Live, I, 23. «... Indè ostentare tergum fœdum recentibus vestigiis verberum....»
(2) Denys d'Halic. VI.
(3) Lev. de la Mars., *Hist. de la contr.* p. c. p. 5.

Le sénat ne savait que faire ; le peuple se riait de l'injonction de se faire inscrire dans les légions que, pour détourner l'orage, on voulait former contre les Volsques. Toute contrainte était impossible ; c'était pour les amis de la classe pauvre une occasion de stipuler en sa faveur. Aussi lorsque P. Servilius, généreux patricien, se faisant de la nécessité une arme en faveur des débiteurs contre les partisans aveugles de l'égoïsme brutal de la noblesse (1), eut fait proclamer que quiconque était tenu pour dettes pouvait se présenter sans obstacle pour le service militaire, qu'il était défendu à tout créancier d'exercer le droit qui lui était reconnu par contrat (2), de retenir un citoyen enfermé et garrotté, et de l'empêcher de venir s'inscrire au rôle de l'armée, que les enfants des soldats, tant que ces derniers seraient en campagne, ne pourraient être privés de leur liberté, ni de la jouissance des biens de leur père, on vit aussitôt prêter le serment militaire à tous ceux qui étaient engagés (3) (*nexi*). A la tête d'une armée nombreuse, et après quelques jours seulement, le consul revint à Rome couvert de gloire et chargé de butin ; il était vainqueur des Volsques, des Sabins et des Arunces ; mais la victoire une fois certaine, ceux qui avaient compté sur un allégement à l'oppression, furent amèrement trompés.

Il était dans la caste patricienne un parti personnifié par Appius Claudius, parti puissant par sa violence, et qui, au dire des anciennes annales, opposait depuis le commencement des troubles, une résistance systématique à toute mesure de douceur et d'humanité. Fidèle aux traditions de cette

---

(1) Tite-Live, II, 24. « Edixit ne quis civem romanum vinctum aut clausum « teneret. »

(2) Denys d'Halic. VI, § 26. — Il était loisible d'exécuter ces contrats contre ceux qui déserteraient les drapeaux. — Denys, VI, § 29.

(3) Tite-Live, II, 24. « ... Hoc proposito edicto et qui aderant nexi profiteri extemplò nomina et undique ex totâ urbe proripientium se ex privato, quùm retinendi creditoris non esset....»

gens des Claudius, « qui demeura dans tous les temps semblable à elle-même par son insolent orgueil, son mépris des lois et une inflexible insensibilité, » Appius adjugea sans pitié à leur retour de la guerre, les débiteurs à leurs créanciers et les renvoya en prison. Il est toutefois fort douteux que de telles sentences eussent pu recevoir leur exécution; la plèbe était en état de révolte ouverte, et protégeait tout condamné contre l'avidité des usuriers qui avaient obtenu ces jugements odieux, et le zèle trop ardent des jeunes patriciens qui eussent prêté main forte à l'exécution de pareilles sentences.

Ainsi se passa l'année. Mais lorsque le moment d'entrer en campagne fut venu, A. Virginius et T. Veturius, alors consuls, essayèrent vainement de former des légions. La plèbe se rassemblait en armes dans les quartiers habités exclusivement par elle, le mont Aventin et les Esquilies, et là, dans le secret de ses conciliabules nocturnes, décidait qu'elle ne fournirait pas de soldats. Le temps n'était plus aux plaintes généreuses et aux humbles supplications ; on connaissait désormais la valeur des promesses ; les espérances ne suffisaient plus, on voulait des réalités. La plèbe avait demandé de simples ménagements, et n'avait pas été entendue, c'était pourtant justice. Confiante dans sa force, elle exigeait maintenant au delà du droit et prétendait hautement à l'extinction des dettes.

La fermentation était si violente que les patriciens modérés conseillaient d'acheter la paix même à ce prix; d'autres espéraient que cette fermentation s'apaiserait si on rendait la liberté et la propriété à ceux qui, l'année précédente, avaient marché à cette condition. Appius insistait pour le parti de la rigueur, prétendant que ces misérables étaient encore trop bien traités, qu'il fallait briser leur insolence, qu'un dictateur le pourrait faire ; et c'était lui que ses partisans désignaient pour cette difficile mission : remettre les dettes, disait-il, ce n'est point résoudre la question, mais en changer la position sans modifier sa nature elle-même, puisque la remise des dettes, en apaisant les pauvres, soulèverait les riches plus à craindre que les premiers (1). Marcus Valérius voulant concilier à la fois les intérêts du riche et les intérêts du pauvre, proposait d'introduire en faveur de ce dernier une loi analogue à celle que Solon avait donnée à Athènes, et qui devait selon lui amener ce double résultat. Les uns proposaient d'affecter au paiement des dettes les biens et non le corps des débiteurs ; les autres, de libérer ceux qui étaient engagés par le *nexum*, et de délivrer à leur place aux créanciers, des esclaves pris pendant la guerre et appartenant à la république. D'autres enfin, partant de ce principe que les débiteurs les plus obérés étaient ceux qui avaient le plus longtemps servi la patrie, établissaient que l'Etat devait dès lors une récompense au peuple, et cette proposition une fois justifiée, demandaient qu'on prît sur les fonds publics les capitaux nécessaires pour amortir les dettes.

On suivit l'avis d'Appius Claudius en ce qui concernait la nomination d'un dictateur, mais l'opinion des plus modérés prévalut dans l'élection ; et ce qui, dans la pensée de l'auteur du conseil, devait faire risquer le tout pour le tout, devint un moyen de réconciliation, par la nomination de Manius (2) Valérius, homme agréable au peuple. Un édit fut porté semblable à celui qu'avait proclamé Servilius (3), et, soit par crainte de la dictature, soit plutôt par la confiance qu'inspirait la parole d'un Valérius, on vit les soldats se rassembler en foule ; dix légions furent levées et trois armées furent envoyées contre les Sabins, les Eques et les Volsques.

---

(1) Tite-Live, I, 27 et suiv. nous a transmis la substance de ces discussions. — Voir aussi Denys, VI.

(2) Cicéron et Tite-Live le nomment *Marcus*. — Denys, VI, 1. et les *Fastes consulaires* de cette époque disent : *Manius*.

(3) Denys, VI, 2 et suiv.

Avec plus de célérité et d'éclat que le sénat ne l'eût souhaité, partout la fortune se déclara pour Rome ; la guerre terminée, on décerna au vainqueur des honneurs extraordinaires ; mais le sénat changeant d'avis après la victoire, refusa de remplir ses engagements, d'accorder aux esclaves pour dettes, la liberté que le dictateur avait été autorisé à promettre, et qu'il réclamait pour eux, conformément à la parole donnée. Ce qui fait ressortir davantage tout l'odieux d'une telle conduite, c'est qu'au dire des anciens récits, les plébéiens avaient fait des prodiges de valeur.

Manius Valérius déposa sa dignité, « dont le pouvoir eût amené la dangereuse tentation de rompre par la violence l'abus scandaleux d'un droit formel ; » les plébéiens reconnurent qu'il ne pouvait pousser plus loin la fidélité à sa parole ; ils l'accompagnèrent avec reconnaissance du Forum jusqu'à sa maison.

Le peuple était las de lutter en vain contre l'égoïsme cynique du patriciat ; il s'aperçut que toute communauté de vie était désormais impossible, et résolut de se procurer quelque chose de plus positif qu'une liberté nominale. L'armée du dictateur, forte de quatre légions, avait été congédiée après le triomphe, celle des consuls était encore réunie ; le sénat prévoyant d'avance l'effet de ses refus, avait compris qu'il ne fallait point jeter dans les murs de Rome une milice toute plébéienne, dont la majeure partie se composait de débiteurs engagés, et qui, dans un cas d'émeute, se lèverait pour faire la loi. Sous prétexte qu'on était menacé d'un renouvellement d'hostilités, il ordonna aux consuls de rester en campagne. La révolte ne tarda pas à se déclarer dans les rangs. Ayant à leur tête Licinius Bellutus, ces quelques légions passent l'Anio et s'étendant vers le territoire de Crustumerium, viennent camper sur le mont Sacré (1); la population urbaine ne tarde pas à faire cause

---

(1) Cicéron, *De Repub.* II, 23. — Salluste, *Hist. Fragm.* I.

commune et se retranche dans les endroits fortifiés, tandis que les patriciens et leurs clients prennent les armes pour se tenir prêts à toute éventualité.

Un tel déchirement de la nation n'a pu durer que quelques jours, et Denys (1) semble tomber dans une erreur évidente quand il admet qu'une telle situation se prolongea durant quatre mois. Toujours debout et en armes, les Eques, les Etrusques et les Volsques ne fussent pas restés spectateurs immobiles des dissensions intestines de Rome. Au surplus, il rapporte lui-même que cette révolution fut purement pacifique, et qu'il n'y eut, de la part des émigrés, ni dévastation ni pillage dans les domaines de leurs ennemis.

Si les deux ordres demeurèrent peu de temps sous les armes, on peut croire que les chefs eurent assez d'influence pour empêcher leurs bandes de se livrer à des actes de violence qui eussent rendu la réconciliation plus difficile; mais s'il en fut autrement, cette légende des anciennes annales sur des vertus merveilleuses et désormais éteintes de l'antiquité, devient une exagération. Ce que l'on peut considérer comme historique c'est que les propositions d'accommodement vinrent des patriciens. Leur grand conseil autorisa le sénat à négocier, et celui-ci députa vers la commune, comme vers un ennemi victorieux, ses dix premiers membres en qualité d'ambassadeurs (2). Cicéron parle aussi des négociations du dictateur M. Valérius avec les émigrés, comme d'un fait indubitable, et lui attribue la gloire d'avoir rétabli l'union, à raison de quoi, et non pour des victoires, le surnom de Maximus lui serait échu en partage (3). Une paix solennelle conclue par les Féciaux sur le corps d'une victime et jurée par tous les Romains rétablit la concorde entre les deux ordres.

(1) Denys, VI, 80 et suiv. — *Contrà*, Tite-Live.
(2) Denys, VI, 84 — 86.
(3) Cicéron, *Brutus*, XIV, 54.

Si les conditions de cet acte semblent loin de ce qu'on en devait attendre, c'est que, d'après l'opinion commune, les patriciens semblaient avoir tout à redouter. Certes leur position était critique, mais néanmoins, entourés de la foule des clients heureux et secondés par quelques riches plébéiens qui avaient, par intérêt personnel, déserté la cause du peuple (1), un massacre n'était pas à craindre ; la nation ne se trouvait point partagée, d'une part en quelques hommes riches d'un rang élevé, et de l'autre en une multitude opposée dont la victoire n'eût pu être douteuse dès la première révolte ; il y avait force de part et d'autre. On remit seulement en vigueur les lois Valériennes. D'un autre côté, bien que Tite-Live garde le silence sur les conditions stipulées en faveur des *nexi*, on ne saurait douter de ce que rapporte Denys, à savoir que toutes les créances sur les insolvables furent supprimées, et que tous les débiteurs qui, par l'engagement ou la sentence du juge se trouvaient esclaves pour dettes recouvrèrent leur liberté (2) ; obtenir un adoucissement aux rigueurs de la servitude pour dettes avait été le premier but de la sédition, et les insurgés ne pouvaient céder sur ce point sans se trahir eux-mêmes.

Le nouvel ordre de choses ne constituait qu'une mesure provisoire (3), et pour les patriciens qu'un sacrifice momentané, mais c'en était assez pour apaiser le peuple ; fidèles à leur politique séculaire, ils aimaient mieux dans les moments de crise faire fléchir le droit par une large exception

(1) Tite-Live, IV, 60, constate un semblable rapprochement : « ...... Primores « plebis nobilium amici... »

(2) Denys, VI, 83. — Cicéron, *De Repub.* II, 34.

(3) L'apologue d'Agrippa *les Membres et l'Estomac*, suivant Dion Cassius, ne serait autre chose qu'un moyen de démontrer au peuple qui demandait d'abolir la législation des dettes, que, dans son propre intérêt le commerce de l'argent était indispensable, et aussi pour cette raison, les lois rigoureuses destinées à le protéger. L'estomac serait le symbole des rentiers. Elle devient intelligible dans ce sens, tandis qu'on ne la peut nullement appliquer aux rapports politiques. Zonaras, VII, 14. — Disc. de Ménénius Agrippa sur le Mont-Sacré, Denys, VI, 83.

que d'en abandonner en principe le rigoureux emploi, et se ménager ainsi pour l'avenir la facilité des représailles.

Les plébéiens, sans doute, comprirent qu'on leur faisait vis-à-vis de leurs anciens créanciers une position assez analogue à celle du voleur, et eurent de la peine à justifier cette mesure comme conforme au respect de la loi jurée; mais on en était arrivé à ce point qu'il fallait pour réparer le passé, opter entre l'abolition des dettes et la loi agraire.

Les anciens eurent parfois raison de venir au secours de la misère générale comme le fit Solon, et comme cela arriva plusieurs fois à Rome ; Cicéron, à certains égards, professe lui-même ce sentiment. Ce n'est que plus tard (1) après avoir été témoin d'actes arbitraires et ruineux de la part du parti vainqueur, qu'il en vient à juger différemment, et, nouvelle opinion résultat d'expériences nouvelles, à condamner sans distinction toutes les violences de cette nature. Chercher, dit-il, la popularité en remettant les dettes ou en portant une loi agraire, c'est bouleverser de fond en comble la pureté d'une république ; on vole les créanciers et on chasse les propriétaires ; on jette l'inquiétude sur leurs possessions ; on fait des ennemis de ceux que l'on dépouille et des ingrats de ceux qu'on enrichit.

Au point où se trouve la question des dettes à Rome, la nécessité commande, disons plus, légitime de tels moyens propres à rétablir dans les fortunes l'équilibre que les profits accumulés d'une excessive usure sont venus rompre au mépris de toute loi de justice et d'humanité. Quand on étudie l'histoire des Etats de l'antiquité que rongeait l'usure des particuliers, on est fort disposé, comme le fit Solon, à se prononcer en faveur de la conservation des propriétés héréditaires et de la liberté individuelle. «... Les plaies du genre de celles que l'on fait à la fortune des rentiers guérissent rapide-

(1) Cicéron, *De officiis.* II, 22-23.

ment ; une diminution d'intérêts ou de capital (et de l'abolition partielle des dettes à l'abolition totale il n'y a qu'un pas), a souvent sauvé l'Etat du danger de voir tous les revenus de la petite propriété et de l'industrie tomber aux mains des rentiers ; » ce qui a fait dire avec raison (1) que, dans certains cas exceptionnels, l'idolâtrie de la dette est un culte de Moloch. Sully sauva l'Etat en diminuant la rente des créanciers qui dévoraient les revenus publics en se faisant payer des intérêts excessifs. L'abolition des dettes devait être pour le menu peuple ce que la réduction de Sully fut pour l'Etat.

Comme on avait pour l'avenir maintenu intacte l'ancienne législation des dettes, le mieux-être dut cesser bientôt et les traces de cette réforme provisoire s'évanouir en peu d'années ; les créanciers sachant désormais qu'un mouvement populaire peut leur ravir leur gage, ou mettre leur fortune en péril par une expropriation forcée de leurs créances, sans espoir d'indemnité, ne tarderont pas à mettre aux nouveaux emprunts des conditions encore plus onéreuses ; ainsi nous verrons l'usure s'accroître encore de cette sédition nouvelle, et les patriciens retrouver des fers pour leurs débiteurs. Pourtant du sein des mesures prises pour apaiser les discordes intestines, avait jailli une institution nouvelle, dangereuse sans doute, mais seulement comme l'est une énergie extraordinaire des forces de l'esprit et du corps, institution qui devait étendre au loin sa majesté et l'empire de la nation romaine et garantir la république des révolutions et des tyrannies. J'ai nommé le tribunat du peuple.

En appelant au parlement des barons les délégués des chevaliers et des communes, le comte de Leicester ne prévoyait pas qu'il jetait les fondements d'une assemblée qui tiendrait un jour entre ses mains la puissance réelle et souveraine du royaume ; lorsque le sénat de Rome forcé de sacrifier son

(1) **Hume et Burke.**

orgueil à son salut, accordait aux plébéiens, avec une magistrature nouvelle, l'inviolabilité des tribuns, il ne prévoyait pas non plus que ce tribunat s'élèverait peu à peu au rang d'une puissance prépondérante et jouirait dans la république d'un pouvoir sans limite (1).

Le rôle politique que le tribunat s'apprêtait à jouer sur la grande scène historique de Rome fut inventé dans la suite par des personnalités ambitieuses ; tel n'était point à son principe le but de cette institution : défendre (2) les libertés de son ordre contre les prévarications de la justice consulaire ; assurer contre l'arbitraire la personne et la vie des plébéiens en maintenant les lois Valériennes ; permettre au tribunal du peuple de s'assembler sans obstacle, et durant cet intervalle maintenir l'appelant dans la possession de sa liberté ; représenter en un mot la commune, et partout où les franchises plébéiennes étaient attaquées, intervenir avec un caractère d'opposition protectrice ; telle était la mission des tribuns.

Ce furent de semblables droits que confirma le peuple dans les comices par centuries, que la religion elle-même consacra (3), que le sénat vint sanctionner à son tour ; car il était, lui aussi, directement intéressé (4) à l'organisation de cette magistrature éminemment plébéienne. C'était peut-être un moyen à l'aide duquel il échapperait aux furieuses et subites explosions des passions populaires ; et en effet, les représentants élus, bien que se chargeant de la résistance à l'oppression, la dirigèrent, l'adoucirent et surtout l'apaisèrent ;

---

(1) Niebuhr, *Hist. rom.* t. II. p. 385 et suiv.

(2) Denys d'Halic. dit : βοήθεια

(3) Tite-Live, III, 35. Les tribuns, la colline sur laquelle on s'était retiré pour les obtenir , les lois qui les avaient constitués devinrent des objets sacrés. Cette colline prit le nom de Mont-Sacré (*Mons-Sacer*) ; ces lois, celui de lois sacrées (*Leges sacræ*), et la personne des tribuns fut inviolable (*sacro sancta*). quiconque attenterait à leur vie aurait la tête dévouée à Jupiter (*caput Jovi sacrum*) et sa famille vendue au profit de Cérès.

(4) Cicéron, *De legibus,* II, 1.

c'était aussi le centre, le terrain sur lequel, par des concessions mutuelles, le patriciat et la plèbe pourraient se rencontrer et se réconcilier d'une façon durable. Cet ensemble
d'idées explique les premiers ménagements du sénat à l'é-
gard du tribunat; ces ménagements amenèrent d'autres
exigences, ces exigences d'autres concessions. Les harangues
des tribuns avaient presque toutes pour sujet la condition
misérable des *nexi*, aussi se montra-t-on favorable aux
débiteurs, on modéra en fait le taux de l'intérêt, et les
prisons des riches s'ouvrirent rarement pour eux. Ce
n'est pas à dire pour cela que l'engagement corporel du
nexum fût tombé en désuétude, mais on lui avait restitué
son caractère véritable, et ce retour, tout en laissant
subsister la sujétion de fait dans la maison du créancier, entraîna tout au moins la suppression de l'emprisonnement et des peines afflictives que l'oppression patricienne avait successivement ajoutées à ces sortes d'exécutions.

Cette institution tutélaire, entièrement vouée aux intérêts
du peuple, fut pour lui, à l'origine de sa création, une
source non interrompue de bienfaits. Elle ne sut pas longtemps se borner à sa mission conciliatrice. Enhardis par
ces premiers succès, les tribuns commencèrent à rêver la
royauté; ce fut alors qu'aveuglés par leurs spéculations
orgueilleuses et guidés par un sentiment de haine et d'envie
contre les patriciens plutôt que par l'amour de leurs frères,
ils songèrent bien moins à secourir les misères privées qu'à
se grandir eux-mêmes en grandissant les destinées du peuple.
Marchant sans coup férir à la conquête de cette égalité politique des deux ordres qui devait dans l'avenir fonder en
quelque sorte une Rome nouvelle et consacrer leur suprématie, ils sacrifièrent à l'avenir les intérêts présents de la
plèbe. Au lieu de réclamer pour elle l'inaliénabilité de la liberté, seul trésor du pauvre, ou tout au moins un adoucis-

sement progressif dans le sort des engagés, ils voulurent du premier coup déjouer tous les calculs de l'égoïsme sénatorial par des abolitions de dettes et par la suppression des profits lucratifs de l'usure ; c'est ainsi qu'en créant un obstacle permanent et absolu à l'accroissement des richesses du patriciat, ils comptaient arriver plus facilement jusqu'à lui.

Une telle espérance était devenue à tout prendre le mobile de la politique intéressée des tribuns, bien que la position désespérée des *nexi* fût en apparence le texte de leurs bruyantes déclamations. C'était trop d'exigences à la fois ; le sénat ne pouvait plus se dissimuler leurs projets ; il n'avait pas vu sans ombrage la magistrature tribunitienne essayant de se frayer une place dans les conseils de la nation et s'élevant parallèle à côté du consulat. L'hostilité semblait désormais avouée. Le temps de la flatterie et des ménagements était passé ; il fallait se préparer à combattre cette puissance nouvelle dans laquelle il commençait à trouver une censure sévère ou plutôt une opposition systématique et passionnée (1).

Cette irritation fut fatale aux débiteurs ; on voulut humilier le tribunat en lui montrant la vanité de sa puissance. Les prisons furent bientôt ouvertes, et toutes les voies d'exécution contre la personne, suspendues en fait depuis la réconciliation des deux ordres qui avait suivi la révolte du Mont-Sacré, furent de nouveau mises en vigueur. Les dernières concessions une fois supprimées, l'accroissement rapide de l'usure permit aux riches de réparer en peu de temps les brèches que l'abolition des dettes avait pu faire à leur fortune. La guerre était de nouveau déclarée entre les deux ordres ; mais son issue devait être favorable à la plèbe. Modérée et conduite par les tribuns, au lieu des séditions temporaires qui affaiblissaient la république, elle accomplissait en silence cette révolution pacifique qui devait aboutir à la loi des Douze Tables.

(1) Cicéron, *De legibus*, III, 9.

CHAPITRE III

Législations anciennes

Pour servir en quelque sorte d'introduction à l'examen critique des dettes sous la législation décemvirale, en ce qui concerne les exécutions sur la personne du débiteur, c'est une utile et intéressante étude que celle des législations primitives antérieures au premier droit écrit de Rome ; non pas tant que la loi des Douze Tables ait emprunté au dehors les principes qui font sa base, que pour suivre dans un développement historique comparé la filiation des idées morales et l'avancement progressif du droit.

Si haut que l'on puisse remonter dans les antiquités lointaines de l'histoire, le respect pour la foi jurée est une de ces croyances universellement admises par tous les peuples. Dans les civilisations à l'état d'ébauche, la parole, qui fait seule le contrat, est inviolable et sacrée ; le débiteur qui manque à sa foi en ne payant pas son créancier diffère peu du voleur ; avec sa parole il a méprisé les dieux qu'il avait pris à témoin de son serment; si donc le délinquant n'affecte pas volontairement son corps à l'acquittement de la promesse, le jugement des hommes qui exprime la force sociale, dans sa rudesse simple et naïve et dans la sincérité de son fanatisme, saura faire respecter la sainteté des engagements (1). C'est ainsi que la logique du droit barbare donne pour premier garant des engagements contractés la personne des contractants. Il y a au surplus dans le fait d'insolvabilité un préjudice causé, par

_____

(1) Tite-Live, VI, 34, Pœnam in vice fidei cesserat.

suite, nécessité d'une réparation ; et comme le plus souvent on sera impuissant à atteindre isolément l'avoir du débiteur, on ne reculera pas à sacrifier à la chose la dignité et la liberté de l'homme. Seulement il y aura certaines nuances dans la manière dont se produira cette idée : elle sera d'autant moins exclusive que le peuple sera plus éloigné de ces sombres théocraties qui font des dieux des divinités implacables et cruelles, toujours menaçantes, mécontentes d'avoir créé l'homme , sourdes à la prière et n'écoutant que l'expiation. Ajoutons à cela une dernière considération : là où dominera le pouvoir d'un seul, comme en Egypte, on verra s'adoucir l'âpreté de ces principes , et la liberté du citoyen sera plus volontiers protégée ; là, au contraire, où l'aristocratie sera le pouvoir gouvernant de l'Etat, craignant sans cesse d'être débordée par le flot croissant de la démocratie, elle évitera d'étendre le cercle des libertés plébéiennes , aux ambitions politiques seront sacrifiées les libertés civiles.

Moïse, le plus ancien et le plus grand des législateurs, avait empreint son œuvre d'un caractère de grandeur qui la rend supérieure à toutes les législations primitives, et en fait en quelque sorte comme une anticipation de la morale Evangélique. La charité envers les frères est maintes fois inscrite dans sa loi (1) : nul, dit-elle, ne devra endurcir son cœur ; mais on tendra la main à celui qui sera pauvre, et s'il a besoin de quelque chose, on le lui prêtera sans usure (2). Ce n'est pas à dire pour cela que l'usure soit une chose blâmable en elle-même ; si elle paraît à Moïse contraire à l'esprit de fraternité qui doit exister entre les différents membres de sa nation, s'il la prohibe au dedans comme devant à la

---

(1) Deutéronome, chap. XV, v. 7 et 8.
(2) Exode, chap. XXII, v. 25.— Deutéronome, chap. XXIII, v. 20 et 21.— Levitique, chap. XXV, v. 35, 36 et 37..

longue détruire l'égalité par lui établie ; il la permet et même l'encourage vis-à-vis des peuples étrangers (1): « Vous prêterez, dit-il, à beaucoup de peuples, et vous n'emprunterez rien vous-mêmes de personne ; vous dominerez ainsi sur plusieurs nations, et nul ne vous dominera (2). »

Cette impossibilité d'exiger un intérêt dut singulièrement ralentir l'ardeur de ceux qui pouvaient prêter ; d'autant plus que la possession d'un gage ne leur était pas toujours assurée (3), et que le repos sabbatial de la septième année (4) constituait une remise forcée de la créance (5). Aussi comme il était à craindre que les pauvres souffrissent eux-mêmes de la position désavantageuse qui était faite au prêteur, le législateur ne manquait pas de rappeler le peuple à l'amour de ses frères et à la charité (6).

On aura lieu de s'étonner, après de telles maximes, de rencontrer chez les Hébreux la servitude de la dette. Cet esclavage qui apparaît avec ce caractère particulier de paiement par le travail, en d'autres termes, d'affectation du travail à l'acquittement de la dette contractée, est non-seulement toléré, mais autorisé par la loi, en Judée. Il suffit d'ouvrir les livres de Moïse pour y voir, tout à la fois : la supposition de Juifs ingénus qui sont en la possession de leur créancier, le soin que prend le législateur de les distinguer des véritables esclaves qui sont tous étrangers (7), l'injonction au maître de les traiter plutôt comme des fermiers et des mercenaires (8), et d'éviter toute oppression ; c'est un point qui ne souffre pas de contestation. Mais dans quelle limite était-il admis ?

(1) Deutéronome, chap. XXIII, v. 20 et 21.
(2) Deutéronome, chap. XV, v. 6.
(3) Exode, chap. XXII, v. 25 et 26. — Deutéronome, chap. XXIV, v. 10 à 13.
(4) Lévitique, chap. XXV, v. 3 et 4.
(5) Deutéronome, chap. XV, v. 1 à 4.
(6) Deutéronome, chap. XV, v. 9 et 10.
(7) Lévitique, chap. XXV, v. 44 et 45.
(8) Lévitique, chap. XXV, v. 40.

Les textes nous présentent comme étant d'une pratique fréquente, la vente qu'un Hébreu faisait volontairement de sa personne (1), soit à un tiers, moyennant un profit ou salaire qui lui était compté d'avance ou qui était évalué en nature, soit à son créancier, et alors le prix de ses journées de travail restait à ce dernier en compensation lente de sa créance; c'est ainsi que Jacob, dans la maison de Laban, achète successivement, par sept années d'esclavage volontaire, la main de Lia (2) d'abord, et ensuite celle de Rachel, après sept années de nouveaux services (3).

Le droit, pour l'acquéreur, d'utiliser les travaux, n'était guère qu'une conséquence de la vente, ce qui était vendu c'était le corps lui-même (4); et c'est comme une mesure d'humanité que la loi recommande au maître d'user de ses droits d'une façon modérée et de se borner à faire travailler le tiers et à bénéficier de ses services.

Ainsi la loi de Dieu autorisait un débiteur ou un nécessiteux à faire momentanément, au profit de son créancier, le sacrifice de sa liberté et à payer du travail de ses mains, dans la servitude, ce qu'il ne pouvait payer en deniers.

Est-il vrai toutefois de dire qu'il fallait, comme condition indispensable, que le Juif obéré consentît lui-même à l'aliénation de sa liberté (5)? En d'autres termes, la législation juive se reposait-elle assez sur la bonne foi du débiteur pour lui tenir ce langage : « Si vous avez emprunté, payez; si « vous n'avez rien, ni en meubles, ni en immeubles, con- « sentez à l'aliénation de votre liberté..., si vous le voulez; » c'est ce qu'il semble difficile d'admettre. D'abord, il est hors de doute que pour obtenir le paiement d'une con-

---

(1) Lévitique, chap. XXV, v. 39.
(2) Genèse, chap. XXIX, v. 20.
(3) Genèse, chap. XXIX, v. 27-30.
(4) Lévitique, chap. XXV, v. 39. « ...... Si la pauvreté réduit votre frère à *se vendre* à vous, vous ne l'opprimerez point en le traitant comme les esclaves. »
(5) Lev. de la Mars, p. 14. — Pastoret, *Législat. des Hébreux*, chap. IV, art. 1.

damnation judiciaire, en matière criminelle, le créancier a le droit d'attenter à la liberté de son débiteur. La servitude est alors forcée, le créancier revêt à un tel degré la puissance dominicale, qu'il peut vendre le condamné comme esclave, à moins qu'il ne s'agisse d'une femme, dérogation qui fut introduite par respect pour les mœurs. La coutume généralisa cette exécution forcée du débiteur (1), on en vint même jusqu'à le vendre aux nations étrangères chez lesquelles la charité de ses frères alla parfois le racheter (2) ; c'est ce qui explique pourquoi l'on vit des pères, forcés (3) de sacrifier un fils ou même une fille, non pas seulement pour se procurer des moyens de subsistance (4), mais aussi pour payer des dettes échues, et éviter ainsi pour eux-mêmes un esclavage qui aurait nécessairement entraîné la servitude de toute la famille.

Il paraît même que la mort du débiteur n'ôtait point au créancier le droit d'agir ; les héritiers étaient exposés aux exécutions corporelles, et il n'est point rare de voir le créancier emmener les enfants de son débiteur défunt pour en faire des esclaves : c'est ainsi que la femme d'un ancien prophète, vient avec larmes exposer au prophète Elisée que son mari n'étant plus là pour répondre d'une dette sur ses biens et sur son corps, on s'en prenait aux biens et au corps de ses fils qui étaient ses héritiers, et comme ils n'avaient rien,

---

(1) Voyez dans l'évangile selon saint Mathieu, chap. XVIII, 23, v. 25, la parabole du maître qui fait rendre compte à son serviteur, et ne le trouvant pas prêt à s'acquitter envers lui, commande qu'on le *vende, lui, sa femme, ses enfants* et tout ce qu'il avait, pour satisfaire à cette dette.

Remarquons que le serviteur dont parle le texte n'est nullement esclave. Il y avait chez les Hébreux des serviteurs libres et des serviteurs esclaves. Celui dont il s'agit ici est de la première catégorie ; en effet, s'il était esclave, nous ne le verrions pas contracter avec son maître et avec ses co-serviteurs comme on le voit d'après le récit, et il n'y aurait pas lieu de faire vendre ses biens puisqu'ils appartiendraient de plein droit à son maître qui n'aurait qu'à se les approprier.

(2) Néhémias, ou le 2e livre d'*Esdras*, chap. V, v. 8.

(3) Néhémias, chap. V, v. 5.

(4) Néhémias, chap. V, v. 2.

qu'on s'attaquait à leur personne (1); et le prophète ne croit rien de mieux à faire que d'employer sa puissance surnaturelle à opérer un miracle, pour fournir à cette veuve de quoi désintéresser les créanciers et arracher ses fils à une servitude imminente (2). Jusqu'ici l'engagement corporel librement consenti par le débiteur, si l'on en excepte toutefois les formes, diffère peu du *nexum*. Toutefois, dans la législation juive, la condition de l'engagé est rendue beaucoup plus douce par les garanties que lui offre la loi même.

A Rome, rien autre que la convention ne limite le temps durant lequel le *nexus* restera, en fait, privé de sa liberté. Ici, au contraire, après un maximum de sept années de service sous la tente du créancier, la servitude cesse (3), la dette est réputée éteinte, l'esclave hébreu redevient ingénu; c'est en effet l'année de la remise (4), et l'esclavage, suite de la dette, n'a plus de raison d'exister; la privation de la liberté est donc toujours temporaire.

Tout ceci n'exclut pas la possibilité pour le débiteur de s'affranchir du joug servile avant l'avènement de l'année sabbatiale, s'il parvient, par exemple à l'aide de ses proches, à désintéresser le maître (5). C'est ce que nous voyons formellement indiqué pour le cas où il se serait vendu à un étranger venu d'ailleurs et qui s'est enrichi parmi les Juifs; ce rachat, dit la loi, s'opérera « en supputant le nombre des années qui resteront depuis le temps qu'il aura été

---

(1) « Alors une femme de l'un des prophètes vint crier à Elisée et lui dit : « Mon mari qui était votre serviteur est mort, et maintenant son créancier vient « pour prendre mes deux fils et en faire ses esclaves... » (Les Rois, liv. IV, chap. IV, v. 1.)

(2) Les Rois, liv. IV, chap. IV, v. 7.

(3) v. 2. « Si vous achetez un esclave hébreu, il vous servira durant six années, et à la septième il sortira libre sans vous rien donner. »

v. 3 « Il s'en ira de chez vous avec le même habit qu'il avait en y entrant et s'il avait une femme (au moment de son esclavage), elle sortira aussi avec lui. » (Exode, chap. XXI.)

(4) Dentéron. chap. XV, v. 12 et v. 9.

(5) Lévitique, chap. XXV, v. 47 et 49.

vendu jusqu'à l'année du jubilé, et en rabattant à son maître sur le prix qu'il avait donné en l'achetant, ce qui peut lui être dû à lui-même pour le temps qu'il a servi, en comptant ses journées comme celles d'un mercenaire (1).»

Si nous voulons maintenant examiner sommairement la situation qui est faite au débiteur esclave dans la maison du maître, nous trouverons encore de nombreuses analogies avec la position du *nexus*. Cet homme vendu pour sa propre dette ou pour celle de son père, passe sous la puissance du maître et demeure dans sa maison, avec sa femme et ses enfants qui suivront désormais son sort, et qui, à l'arrivée du jubilé de sept années, sortiront avec lui de servitude (2). On ne pourra point le revendre comme les autres esclaves (3). Il sera traité sans dureté ni violence (4), ainsi qu'un mercenaire et un fermier (5), sans qu'on ait sur lui d'autre droit que celui d'exiger ses œuvres serviles.

Il nous reste à faire une importante remarque. La loi de Rome ne donnait au créancier aucune possibilité de s'attaquer principalement à l'avoir du débiteur, le *nexum* offrait un moyen unique et indirect d'y parvenir; dans la législation hébraïque, des procédés spéciaux permettaient d'arriver aux biens, et ce n'était qu'après la constatation définitive de l'insolvabilité du débiteur, alors que la discussion de ses biens soit meubles soit immeubles ne laissait plus aucun doute, que le jugement s'exécutait par le sacrifice de la liberté.

---

(1) Lévitique, chap. XXV, v 50.

(2) v. 40 « ..... Il travaillera chez *vous* jusqu'à l'année du jubilé ; v. 41, et il « sortira après avec ses *enfants* et retournera à la famille et à l'héritage de ses « pères. »

v 54 « ..... S'il ne peut être racheté en cette manière, il sortira libre en « l'année du jubilé avec ses *enfants*. » (Lévitique, chap. XXV.)

v 3 « ..... S'il avait une *femme* (au moment de son esclavage), elle sortira « aussi avec lui. » (Exode, chap. XXI.)

(3) Lévitique. chap. XXV, v. 42,

(4) Lévitique, chap. XXV, v. 53.

(5) Lévitique, chap. XXV, v. 40.

Tels sont, en résumé, les traits principaux de la législation Mosaïque. Ses précautions infinies et ses préceptes de charité ne tardèrent pas à être éludés ou méconnus par l'avidité de quelques-uns.

L'histoire a conservé le souvenir de ces temps (1). L'usure s'était clandestinement établie (2) et la misère du peuple était grande. On peut se reporter à une époque postérieure de plusieurs siècles sans voir cesser ces agitations séditieuses (3), qui eurent pour cause l'usure et la condition servile des engagés.

La civilisation Egyptienne, si on se place à une époque reculée, n'ignora pas non plus cette responsabilité corporelle du débiteur qui se trouve au berceau de tous les peuples, et se perpétue dans leurs institutions primitives et grossières jusqu'à ce que l'équité transforme ou renouvelle les lois. L'esclavage de la dette eut son règne ; ce droit barbare de l'homme sur l'homme fut dans les mœurs de l'Égypte à une époque bien antérieure à celle où Solon vint étudier la législation. Du temps de Sésostris, il existait encore dans toute sa cruauté (4) ; déjà ce prince, par un motif politique plutôt que par humanité, en avait rêvé la suppression, et en fait il délivra plusieurs fois les prisonniers pendant la durée de son règne (5).

L'impopularité de cette vieille coutume appela des inno-

---

(1) Josèphe, *Antiquités judaïques*, l. c.
(2) Néhémias, chap. V, « ..... Exigez-vous donc encore de vos frères les in-
« térêts et l'usure de ce que vous donnez.....»
(3) Néhémias, chap. V, v. 10, 11 et 13.
(4) Diodore, liv. I, p. 2, chap. V.
(5) Montesquieu, *Esp. des lois*, liv. XX, chap. XV.

vations. Sous l'influence des mœurs et l'action civilisatriçe
de son gouvernement, Bocchoris supprima l'esclavage pour
dettes, et érigea en principe que les biens du débiteur, propriété privée, garantiraient seuls le paiement de la créance ;
que l'homme, possession et propriété dans la paix comme
dans la guerre de la patrie commune (1), ne pourrait désormais disposer de sa personne, qu'ainsi on ne serait plus
exposé à voir l'avarice d'un citoyen prévaloir sur l'autorité
collective de tous (2). Les portes des prisons furent ouvertes et la liberté rendue aux débiteurs (3) qui les avaient
trop longtemps peuplées. Ainsi, l'Etat, pour être maître du citoyen, repoussait avec jalousie tout pouvoir limitant le sien ;
et comme, grâce à la tendance ultra-religieuse de la nation,
le pouvoir indiscuté s'exerçait sans obstacle et n'avait pas
besoin pour se maintenir de persécutions et de violences, la
sévérité des lois était en raison inverse de l'absolutisme de
ce pouvoir.

Cet élément religieux, si profondément vital dans le cœur
du peuple égyptien, ne tarda pas à être exploité dans une
juste mesure. Le principe éminemment moral d'après lequel on avait supprimé l'esclavage du débiteur vivant avait
le défaut de toucher de près à l'immunité ; aussi, pour empêcher que le côté humanitaire de cette mesure encoura-
geât la mauvaise foi des débiteurs, on se servit des idées
superstitieuses de ce peuple et de son respect pour ses
ancêtres.

Hérodote et Diodore ont recueilli la trace de ce culte religieux que les Egyptiens professaient pour les morts. Le
corps du défunt, embaumé suivant la coutume du pays, restait dans sa famille comme la plus précieuse partie de son

(1) Saumaise, *De modo usurarum*, ch. 47. « Bona personarum esse, personas
verò civitatum existimabat. »
(2) Pastoret, *Législ. des Egyptiens*, XII, p. 240.
(3) Diodore, 2.2. 79.

patrimoine. Joignant à la conservation du corps l'idée de participation à l'existence dans un monde meilleur, ils croyaient assurer la perpétuité de la vie future par le soin religieux avec lequel il était enseveli ; et pour le descendant, être privé de prendre sa place dans la sépulture des aïeux, c'était plus que de l'ignominie, c'était aussi le néant.

Asychis (1) s'empara de cette croyance et comprit tout le parti qu'il en pourrait tirer pour donner au créancier les sûretés désirables et maintenir en même temps la bonne foi parmi les citoyens. Il porta une loi suivant laquelle il fut défendu d'emprunter sans avoir, auparavant, donné le cadavre de son père en gage à son créancier ; ainsi, quand la mort avait émancipé le citoyen du joug de l'Etat, son corps, devenu la propriété exclusive de sa famille, pouvait être engagé pour la dette de ses héritiers (2). Si la dette n'était pas payée à l'échéance, le corps restait au créancier ; mais malheur à celui qui, par son insolvabilité, avait déshérité son père de la sépulture commune ; si la mort le surprenait avant qu'il eût acquitté ses dettes, il était lui-même déclaré infâme ; le procès était fait à sa mémoire ; c'est alors que cette sentence terrible, dont parlent Hérodote et Diodore (3), le déclarait indigne des honneurs funèbres, auxquels ses idées superstitieuses attachaient plus de prix qu'aux vains honneurs de la vie : c'était, à vrai dire, l'excommunication de la religion égyptienne. Le déshonneur s'étendait à ses héritiers jusqu'à ce que, devenus riches, ayant à l'aide de leur nouveau patrimoine soldé les dettes de leur ancêtre, ils eussent obtenu l'annulation de la sentence. On faisait alors au défunt de tardives mais magnifiques funérailles (4); et, au milieu d'un nombreux cortége,

(1) Hérodote, II, c. 136.
(2) Troplong, tome XVIII, préface, p. XI.
(3) Hérodote, II, c. 136 et suiv.— Diodore, 2. 2. 93.
(4) Diodore, 2. 2. 92.

auquel venaient se joindre les pompes de la religion, on réintégrait le cadavre paternel dans la sépulture des aïeux.

En Grèce, dans les temps héroïques, le droit sur la personne du débiteur s'exerçait dans toute sa primitive férocité (1); il était loisible au citoyen de faire argent de son corps et permis au débiteur de s'obliger sous l'hypothèque de sa personne. Selon Plutarque (2), si quelqu'un avait mis son corps en gage, à supposer qu'il ne pût payer, le créancier avait sur ce corps les mêmes droits qu'il aurait eus sur le gage mobilier ou immobilier qu'on eût pu lui donner, au lieu de la personne. Il avait même le choix entre ces deux moyens extrêmes: faire vendre ce débiteur à l'étranger (3), et c'est à ce propos que Diodore (4) nous montre le marché des esclaves servant de comptoir à la traite odieuse pratiquée par les créanciers sur le corps de leurs débiteurs ; ou recevoir comme paiement suffisant l'asservissement de l'insolvable, qui avait dès lors une position d'esclave dans la maison de ce créancier ; un tel esclavage, dès le principe, dut être définitif. La perte de la liberté étant irrémissible, le débiteur insolvable, rayé de la liste des citoyens (5), pouvait au caprice du maître, être vendu, chargé de chaînes et voué aux travaux les plus rudes.

Un tel ordre de choses ne tarda pas à se modifier sous l'influence progressive du temps et des mœurs. Quelques débiteurs, qui présentaient certaines garanties, purent stipuler en leur faveur qu'au cas de non-paiement le créancier les prendrait comme esclaves, mais temporairement, et se paierait avec leurs travaux, de telle sorte que dès le moment

(1) Plutarque, dans son traité : *qu'il ne faut pas prêter à usure.*
(2) Plutarque, *Vie de Solon*, p. 84.
(3) Plutarque, *Vie de Solon*, 13.
(4) Diodore, I, p. 72.
(5) Saumaise, c. 17. p. 754.

où le salaire, représenté par ses travaux et sauf certaines déductions., aurait atteint la somme due, ils recouvreraient leur liberté par une sorte de *postliminium* et rentreraient dans leurs droits de citoyens ; si le créancier préférait les vendre, ils conservaient chez l'acheteur la position qu'ils auraient eue dans la maison du créancier et le bénéfice des conditions qu'ils avaient stipulées lors du prêt. D'autres fois l'engagement fut de telle nature qu'il devint pour le créancier un obstacle à la vente.

De semblables clauses ne tardèrent pas à se généraliser, et devinrent à proprement parler le droit commun. Outre que le créancier préféra une garantie née et actuelle à l'expectative d'une condamnation judiciaire, le débiteur, de son côté, évita par cet engagement conventionnel de son corps, les mesures plus sévères d'une procédure assez analogue à *l'addictio* des Romains.

Il faut savoir, en effet, qu'en dehors de ce droit sur le corps, qui résulte de la convention, et que nous appellerions avec nos idées modernes contrainte conventionnelle, il y avait aussi une contrainte résultant de la condamnation judiciaire, entraînant, à un certain point de vue, encore plus de rigueurs. Si la sentence n'était pas exécutée, le créancier pouvait appréhender le délinquant avec violence et acquérir sur son corps un véritable droit de propriété. Moins heureux que le débiteur devenu esclave du créancier par la convention, le débiteur condamné, devenu la chose du créancier, pouvait être mis à la torture, battu de verges, et sans autre prétexte que le droit de violence, vendu et peut-être mis à mort (1).

(1) Barthélemy, *Voy. du jeune Anach*, t. IV, p. 416.— Saumaise, *De modo usurarum*, p. 580, et *Miscelliæ defensiones pro Salmasio*, p. 315, cite un passage de Démosthènes contre Aristocrate d'après lequel le débiteur est dit αγωγίμος et donne ce sens à cette expression. — *Contrà* : Hérault-Berriat-St-Prix, Mém. de l'Ac. des sc. mor. et polit. t. V, p. 593, note G, dissertation spéciale sur ce point.

Cette législation des dettes, assez analogue à celle qui devait régir l'Etat romain, ne fut pas longtemps sans envenimer les haines et exciter les pauvres contre les riches ; aux maux acceptés ou forcés de l'esclavage de la dette, se joignirent ceux de l'usure (1), qui rendit les remboursements plus onéreux et par suite plus difficile le retour à la liberté. De malheureux débiteurs s'expatriaient pour échapper à la rigueur des lois ; on demandait le partage des terres et l'abolition des dettes, la crise était imminente ; ce furent les créanciers eux-mêmes qui proposèrent un arbitrage.

Tarquin agrandissait Rome et Confucius fondait dans les Indes une religion qui devait traverser les siècles, lorsque Solon parut. Choisi comme arbitre entre les deux partis, il fit jurer par les citoyens que jusqu'à son retour on déposerait toute haine et toute violence ; et telle était la confiance en sa sagesse que la paix ne fut pas troublée. Il revint d'Egypte avec un plan de législation (2). Il en rapportait le système de Bocchoris (3), qu'il essaya d'implanter dans sa patrie, en l'accommodant aux mœurs et aux exigences des Athéniens (4).

Quoi qu'il en soit, il refusa le partage des terres comme attentatoire au droit de propriété, mais il rompit les engagements serviles contractés par les débiteurs (5) et rappela dans Athènes ces fugitifs à qui la longueur de l'exil avait fait oublier déja la langue maternelle. Mais la législation de

---

(1) Plutarque, traité , *qu'il ne faut pas prêter à usure* : μεγάλους τόκους—Démosthènes, 1re *Olynthienne;* Spanhem ad Aristophani. *Nubes*, V, 1155.

(2) Boechero, tome II, *Dissertation*, 23.

(3) Joachimus Stephanus, *De jurisdict. veter. Græcorum*, ch. XIV, « Sed ut « Cælius et Alexander ab Alexandro referunt , more Egyptiorum militum « tantùm in bona horum mitterentur ac haberentur obœrati non verò nexi. »

(4) Diodore, 2. 2. 79. — Plutarque, *Vie de Solon*, 24. — Ammien-Marcellin, lib. XXII, chap, 16.

(5) Montesquieu, *Esprit des lois*, liv. XX, ch. XV. — Plutarque, *Vie de Solon*, § 24 et suiv. « Et ceux qui étaient demeurés au pays en captivité de « misérable servitude, il les délivra tous et affranchit. » (Traduct. d'Amyot.)

Solon fut-elle une mesure provisoire; se borna-t-elle au présent et laissa-t-elle aux anciennes coutumes tout leur effet pour l'avenir ; ou si elle s'étendit à l'avenir, supprima-t-elle seulement une loi de servitude en laissant subsister une loi d'emprisonnement (1)? Solon vint-il seulement défendre les stipulations de gage personnel et le trafic de la liberté en prohibant les emprunts sous obligation de corps (ἐπι τοῖς σώμασιν) ; ou au contraire respecta-t-il la liberté des conventions et défendit-il seulement de faire résulter la servitude d'une condamnation judiciaire ; ou enfin voulut-il, comme le pense Montesquieu (2), prohiber du même coup toute aliénation quelconque de la liberté (3), ce qu'on pourrait conclure des rapports de Diodore et de Plutarque au sujet de l'importation effective dans Athènes de la législation égyptienne? Ce sont autant de questions qui demanderaient pour être approfondies une discussion spéciale, des comparaisons de textes et des inductions scientifiques qui ne sauraient entrer dans l'ordre de cette étude.

Mais s'il est difficile de bien préciser le caractère de sa réforme, il est un fait incontestable, c'est qu'elle laissa longtemps encore subsister la contrainte pour dettes. Sans doute la servitude proprement dite est abolie, mais non pas l'affectation du travail au payement de ce qui est dû, non plus que l'emprisonnement (4). Ne vit-on pas Miltiade, l'illustre vainqueur de Darius, faute de pouvoir payer l'amende de cinquante talents à laquelle l'avait condamné l'ingratitude de ses concitoyens, mourir comme un débiteur insolvable (5) dans la prison d'Athènes ; et son fils Cimon qui avait été enfermé avec lui, héritier de sa disgrâce et de

(1) Pastoret, *Législat. des Athéniens*, ch. IX, p. 463.

(2) Monstesquieu, *Esprit des lois*, liv. XX, ch. XV.

(3) Joachimus Stephanus, *De jurisdictione veterum Græcorum*, ch. XIV.

(4) Pastoret, ch. IX, p. 463.

(5) Cornelius Nepos, *Vie de Miltiade*, 7.

sa condamnation (1), réduit pour en sortir à répudier sa femme, qui, craignant de voir s'éteindre dans les fers la postérité de Miltiade, consentit au divorce pour épouser le riche Callias et mettre comme condition à ce nouvel hymen la délivrance de Cimon? Il est tout aussi certain que du temps de Démosthènes, l'emprisonnement pour dettes au fisc existait en Grèce. Dans son discours contre Timocrate, c'est l'orateur, défenseur voué des libertés publiques, qui vient appuyer le maintien de ce droit de contrainte, sur des raisons d'intérêt général, d'économie financière et de conservation; et déclare s'opposer à toute mesure qui tendrait à énerver un moyen qu'il considérait comme nécessaire à la solde de l'armée, à la pompe des sacrifices, à l'exactitude des engagements avec les alliés et au maintien de la foi publique.

Le commerce eut aussi son privilége (2) pour sauvegarder la célérité et la franchise dans les relations entre commerçants. « Si, dit Démosthènes dans l'exorde de son « discours contre Apaturion, les marchands ou navigateurs « éprouvent quelque dommage en ce qui concerne leur « négoce, les coupables traduits en justice, et condamnés, « seront tenus en prison jusqu'à ce qu'ils aient satisfait à « la condamnation, et cela pour que nul n'ait la témérité de « mettre des entraves au commerce qui fait la gloire et la « richesse des peuples. »

Quoi qu'il en soit des incertitudes au sujet de la réforme de Solon, et des exceptions que sa loi devait avoir établies, l'esclavage de la dette subsista dans toute sa force chez les autres peuples de la Grèce (3). Faite pour Athènes, la législation de Solon ne sortit pas de son territoire; et à l'époque où le père de Tarquin, abandonnant Corinthe avec ses immenses richesses, apporta à Tarquinies les traditions que son

(1) Cornelius Nepos, *Vie de Cimon*, 1 et 2.
(2) Barthélemy. — Andoc. *De mysteriis*, Ps. 1, p. 12, cité par cet auteur.
(3) Diodore, 2. 2. 79.

fils devait transmettre à Rome (1), on en était encore à attendre sa réforme (2). Quant à cette croyance des anciennes
annales à une légation en Grèce (3), si l'on y veut ajouter
foi, l'on pourra se convaincre par les développements qui
suivent que les lois grecques n'eurent point, à vrai dire, sur
la rédaction décemvirale une influence décisive ; qu'au fond
le droit civil de Rome fut un droit originaire et non d'emprunt, ayant son caractère tout spécial, que c'est pour tel qu'il
faut le tenir ; et qu'en définitive la loi des Douze Tables resta
bien loin de cette réforme absolue de la servitude pour
dettes que Montesquieu a cru voir dans la législation de
Solon.

---

(1) Platon, *De Rep.* VIII, *De lege*, I. — Aristote, *Politique*, II, c. 9. Les lois
de Lycurgue et de Minos étaient fort dures et presque toutes en vue de la
guerre.

(2) Sur toute cette matière : Sam. Petit, *Leges atticæ*, lib. V, tit. 4, — et surtout Heineccius, *Jurisp. rom. et att.* tome III, p. 497 et suiv.

(3) Denys d'Halic, X, 64. — Cicéron, *De legib.* II, 23 et 25. — Tite-Live, III,
31 et suiv. — Pline, *Hist. nat.* XXXIV, 5. — Dig. (10.1) *fin. regun.* loi XIII,
fr. Gaius. — Dig. (1.2) *De origine juris*, loi II, § 4, fr. Pomponius.

CHAPITRE IV

De la condition des débiteurs *NEXI*.

Chez les Romains, le débiteur tombait sous la main de son créancier par deux moyens juridiques, le *nexum* et l'*addictio*, c'est-à-dire, soit au moyen d'une convention entre les parties, soit par suite d'une condamnation judiciaire, ce qui correspond assez imparfaitement du reste , dans la langue du droit moderne , aux expressions : contrainte par corps conventionnelle et contrainte par corps impérative. En suivant dans l'histoire les vicissitudes de la querelle des dettes, nous avons constaté, dès l'origine de Rome, l'existence de ces deux modes de servitude, spécialement en ce qui concerne l'engagement du *nexum*. Rechercher sa nature intime et pénétrer les éléments divers de sa constitution vitale, comment se forme ce contrat, comment il se dissout , quels sont les droits du créancier, quelles conséquences il entraîne pour le débiteur ; restituer, en un mot, à cette institution toute romaine une personnalité distincte et la physionomie qui lui est propre, tel est le but de ce chapitre.

Le droit de se vendre en cas de besoin soi et les siens d'une part, et celui pour le créancier de s'emparer d'un débiteur qui ne paie pas , existaient concurremment dès les premiers âges de Rome ; c'est en distinguant avec soin ces deux droits essentiellement différents qu'on arrive à comprendre clairement la législation des dettes.

Toutes les dettes proviennent ou d'emprunts forcés, ou

du non-accomplissement d'une obligation de payer, et aussi, en droit romain, de crimes qui produisent une semblable obligation, tels que vols simples et autres méfaits de même espèce (1). Celui qui ne satisfait pas dans le délai légal et d'après la sentence du préteur, à l'obligation, n'importe la cause d'où elle résulte, est au nom de la loi adjugé comme esclave à son créancier, il devient *addictus* et non pas *nexus*. Prenons un exemple : un plébéien, Titius, emprunte purement et simplement une somme d'argent ; arrive le moment de l'échéance, le créancier se présente inutilement pour recevoir son paiement ; ce créancier non payé va traduire Titius en justice et l'amener de gré et ou de force (2) devant le magistrat ; la dette avouée ou reconnue, si après un délai de trente jours (3) il n'a point été désintéressé, il appréhendera son débiteur, le conduira de nouveau en justice et s'en fera attribuer le domaine (4) (*addicere*).

Si nous avons dû prendre notre exemple parmi les débiteurs plébéiens, c'est que la dureté de cette législation ne dut opprimer qu'eux seuls, et qu'il n'exista jamais pour le patricien ni engagement de sa personne par convention, ni servitude par suite d'addiction. Elle n'avait pas besoin d'emprunter, cette classe privilégiée, qui, originaire du sol italique, avait largement participé à la distribution première du sol, et s'attribuant le monopole presque exclusif des richesses enlevées à l'ennemi, augmentait sans cesse son avoir par les profits combinés de la guerre et de l'usure. Aussi, dans les temps reculés, tous les capitalistes sont des patriciens ; on ne trouve aucune trace d'usure exercée par les gens de la plèbe ; cet odieux trafic reste le monopole de la caste patricienne, et il faut se reporter aux derniers temps de la ré-

(1) Niebuhr, t. II, p. 374 de la traduction.
(2) Cicéron, *De leg.* II, 4. — Aulu-Gelle, *Nuits att.* XX, 1. — Festus, V° *struere*.
(3) Gaius, *Inst.* III, § 78.
(4) Gaius, *Inst.* IV, § 21. — Aulu-Gelle, *Nuits att.* XX, 1.

publique pour voir ces rôles intervertis et les chevaliers sortis de la classe populaire se livrer presque exclusivement à la réalisation de ce gain honteux. C'est ainsi que cette présomption, du moins pour une époque antérieure à la législation décemvirale, devient une vérité : que les patriciens, en droit comme en fait, ne furent point soumis aux rigueurs du *nexum* et de l'*addictio*.

En résumé, on devient *addictus* malgré soi par la sentence du magistrat. L'ensemble de cette procédure a été conservé d'après la loi des Douze Tables; Gaius et Aulu-Gelle sont assez complets sur cette matière pour qu'il reste peu de doute sur la nature même de cet acte, sur ses formules primitives, sur les paroles sacramentelles qui étaient prononcées, sur le rôle du magistrat dans l'accomplissement de cette violence légale. Mais en ce qui concerne le *nexum*, auquel nous devons spécialement nous attacher, on est loin de retrouver les mêmes éléments; une lacune regrettable se présente dans le manuscrit de Gaius, et nous n'avons pas, ce qui serait le plus essentiel à connaître, les paroles sacramentelles prononcées lors de la formation du contrat; c'est pour cela, qu'en cette matière, la marche est lente et périlleuse; on n'avance point tout d'un coup avec les affirmations de la certitude, et bien souvent sur des points de détail, il est à craindre d'élever les conjectures les plus véridiques à la hauteur des réalités.

§ 1. — DE LA NATURE ET DE L'OBJET DU NEXUM.

Le *nexum*, dans son acception primitive, est le titre générique de tous les agissements contractés *per æs et libram*, c'est-à-dire avec la balance et la pièce d'airain (1).

Ce serait une erreur de croire qu'à cette époque il fut synonyme de gage; sans doute dans les textes du Digeste,

(1) Festus, V° *nexum*. — Cicéron, *Topiques*, 5. 28. — Cicéron, *pro Cæcina*, 85. — Varron, *De ling. lat.*, VII, 105.

on le trouve employé dans ce sens (1) ; mais il n'est pas rare de voir les mêmes jurisconsultes s'en servir pour désigner des obligations fort différentes du gage, et par exemple l'obligation de livrer une chose vendue (2). Sa signification la plus ancienne c'est, je le répète, toute espèce d'agissement célébré par la balance et par la pièce d'airain (3) ; dans une de ses constitutions (4), Justinien en fait mention en ce sens.

La théorie des obligations, surtout par rapport à celles qui se forment par contrat, est sans contredit un des points sur lesquels les vestiges des Douze Tables nous offrent le moins de données. Il suffit toutefois de parcourir quelques textes pour s'assurer que les noms d'obligation (*obligatio*) et de contrat (*contractus*) sont des expressions plus modernes, et qu'à l'égard des citoyens romains la forme quiritaire de se lier, c'est le *nexum* ou la solennité *per æs et libram* ; « Nexum est, ut ait Gallus Ælius, quodcumque per æs et libram geritur idque necti dicitur (5); » que c'est cette même forme qui sert à transférer la propriété quiritaire, les paroles prononcées entre les parties comme constituant les conditions accessoires de cette opération (*nuncupatio*) formant loi entre elles suivant les expressions des Douze Tables (6). Ainsi, qu'elle fût réelle ou fictive, l'aliénation *per æs et libram* est employée pour s'obliger; c'est de cette manière que se forment le dépôt et le gage (7), que se contractent les emprunts ; et généralement toutes les fois qu'un citoyen se *lie* à un autre, il est vrai de dire qu'il y a *nexum* (8) ; ce n'est donc que par

(1) Dig. (43. 4) *Ulp.* loi I, § 49, « ....ne vis fiat ei qui in possessione. »

(2) Dig. (12.6) *Ulp.* loi 26, § 7, *De condictione indebiti.*

(3) Festus, V° *nexum.*— Cicéron, *de Orat.* III, 40. « .... nexum quod per æs et libram geritur.... »

(4) Cod. (7.31) *De usu cap. trans.*

(5) Festus, V° *nexum,* et il donne des exemples.

(6) « Quùm nexum faciet mancipiumque uti linguâ nuncupassit ita jus esto. » Cicéron, *de Off.* III, 16. — *de Orat.* I, 57. — *Pro Cæcinâ,* cap. XXIII. — Varron, *De ling. lat.* V, 9.

(7) Gaius, *Instit.* I, § 122. — Id. II, § 69. — Festus V° *nuncupatio.*

(8) Les étymologies des mots *nexum* et *obligatio* dérivent toutes deux de l'idée de lien, *nexum, nectere* lier. — obligatio ; *ob* et *ligare.*

un renversement d'idées qui appartient aux écrivains plus récents qu'on a voulu voir dans ces *nexi* des esclaves enchaînés. Tout cela est si vrai, que ce sera de cette forme primitive et unique de l'antique contrat *per æs et libram*, du *nexum*, qu'on fera dériver les formes civiles des contrats *verbis* et *litteris* ; si on se borne dans les premiers à une interrogation solennelle suivie d'une réponse conforme (*sponsio*, *stipulatio*), les jurisconsultes auront soin de dire que le pesage est tenu pour accompli ; si on se contente dans les contrats *litteris* d'une simple inscription sur les registres domestiques, le terme même d'un tel acte rappellera que les registres doivent porter cette mention, qu'une certaine quantité d'argent a été pesée au compte d'un tiers (*expensilatio*).

Dans toute civilisation primitive, la première transaction est un échange (1) ; ce n'est que successivement qu'on arrive à employer les divers métaux comme terme, comme objet commun de ces échanges, alors l'emploi de la balance dans les contrats civils est une vérification indispensable de leur poids (2). C'est cette période qui a laissé une trace si profonde dans les institutions romaines et que la tradition a conservée en symbole dans l'*æs et libra*. En reprenant cet ordre d'idées, le premier homme libre qui vint demander à un autre une certaine quantité de choses dont il avait besoin et qui ne put rien offrir en retour, se donna lui-même à celui avec lequel il contractait par une dation effective, et son corps fut le prix (3) de la prestation en nature à lui faite ; puis quand arriva l'usage d'employer le métal comme trait d'union pour l'échange, c'est-à-dire comme une matière pou-

---

(1) Dig. (18. 1) *De contrah. empt.* loi I. « Origo emendi vendendique à permutationibus cœpit. »

(2) Gaïus, I, 121. « ..... Eorumque nummorum vis et potestas non in numero erat sed in pondere nummorum. »

(3) Dig. (18,1) *De contrah. empt.*, loi I, fr. Paul. « ... Olim enim non ità erat nummus neque aliud merx, aliud pretium vocabatur. »

vaut se changer indéfiniment et indistinctement contre toute autre, celui qui voulut faire peser à son compte une certaine quantité de métal donna son corps comme prix de cet emprunt.

Remarquons toutefois que les choses ne se passaient point toujours ainsi. Il pouvait se faire qu'un tiers eût prêté sans réclamer de garantie immédiate ; dans cette hypothèse, au moment de l'échéance, le débiteur évitait les rigueurs de l'*addictio* en donnant par une vente son corps en compensation de sa dette. Les relations sociales augmentent, des expressions nouvelles sont créées , telles que *mancipium* et plus tard encore *mancipatio* (1) ; enfin , la plupart des opérations diverses qu'on arrive désormais à distinguer, prennent un nom propre tiré de leur objet et de leur but ; le nom de *nexum* reste principalement (2) à cet agissement du débiteur qui se donne à son créancier avec la cérémonie de la balance et de l'airain ; les débiteurs ainsi obligés (3) et livrés continuèrent à être appelés *nexi* du nom du contrat solennel qui avait présidé à leur engagement. Les formes n'étaient autres que celles bien connues de la mancipation (4). Mais dans cette cérémonie, quelle était à proprement parler la chose mancipée ? Ce ne pouvait être l'argent, puisqu'il n'est pas *res mancipi*, et que d'ailleurs il ne saurait être à la fois objet et prix de la mancipation ; c'était donc la personne même de l'obligé. Voici au surplus comment les choses devaient se passer :

(1) « ...Nexum Mamilius scribit omne quod per æs et libram geritur *in quo sint mancipia....*» Varron, *De ling. lat.* VII, 104.

(2) Le sens des mots *nexum inire, nexum se dare, necti* offre des nuances diverses de signification que nous n'entreprendrons pas de déterminer ici en détail. Sur cette matière Carol. Sell , *De jure roman. nexo et mancipio,* Brunswick, 1840, page 55.— Bachofen, *Das nexum, die nexi, und die lex Pœtelia,* Bâle, 1843.

(3) « (Nexum) Mutius (scribit) quæ per æs et libram fiant ut obligentur præterquàm mancipio detur....» Varron, *De ling. lat.* VII, 104.

(4) Festus, Vº *nexum.* «...Nexum est ut ait Gallus Ælius quodcumque per æs et libram geritur idque nexi dicitur. Quo in genere sunt hæc : testamenti factio, *nexi datio, nexi liberatio.* »

Les deux contractants se présentent devant cinq (1) témoins citoyens romains et pubères, et un *libripens* tenant la balance. Celui qui va recevoir en sa puissance saisissant l'airain s'exprime ainsi en désignant le futur *nexus* : « Hunc ego hominem ex jure Quiritium meum esse aio isque mihi emptus est hoc ære æneáque librá (2) ; » ensuite, il touche de la main le *nexus* en signe d'appropriation (3), et frappe le plateau de la balance avec la pièce de métal (4) qu'il abandonne en fin de compte à celui qui est l'auteur de cette vente *à quo mancipium accipitur quasi pretii loco* (5).

Nous voilà maintenant avec les premiers éléments d'une définition : le *nexus* (6) était celui qui, par une vente formelle et selon le droit des Quirites, s'était en présence de témoins donné lui-même, et par conséquent tout ce qui lui appartenait pour de l'argent pesé à son compte. Tandis qu'on devient *addictus* bon gré mal gré, nul ne devient *nexus* que par son propre fait.

Avoir le droit d'aliéner pour toutes espèces de dettes la liberté de sa personne, n'est-ce pas une idée contradictoire chez un peuple où le citoyen était pour ainsi dire réputé sacré par les lois Porcia et Sempronia ; ou tout au moins n'y a-t-il pas sur ce point de sérieuses raisons de douter ?

(1) *Ex corp. Ulpiani*, tit. XIX, § 3. « Mancipatio..... fit certis verbis libripende et quinque testibus præsentibus. » — Gaius, *Inst.* I, § 119.

(2) Gaius, I, § 123 *in fine*, nous apprend que celui qui recevait dans son *mancipium* des personnes libres, se servait des mêmes paroles que s'il s'agissait des esclaves. « ... cum à parentibus et à coemptionatoribus iisdem verbis mancipio accipiuntur quibus servi. »

(3) « .... Signo autem justi dominii. »

(4) Cicéron, IV, *ad Atticum* 8 et 6, epist pen. 7, epist. 2. 5. « Randusculo libram ferito. » — Festus, Vº *Randus*. — Varron, *De ling. lat.* 4.

(5) Gaius, I, § 119.

(6) L'expression *nectere* subsiste plus tard dans la langue latine pour désigner un assujettissement d'un degré très-énergique : tel que celui du colon au fonds de terre, du pêcheur à la servitude du pêcher, ou la sujétion du fils au père. Ainsi il désignait encore un lien absolu donnant droit à une prise de possession.

Les jurisconsultes, les lois, les orateurs, élèvent la liberté au-dessus de toutes les conventions de l'homme : une convention privée, dit le jurisconsulte Callistrate (1), ne fera jamais un esclave ou un affranchi ; personne n'est maître de son corps, dit Ulpien (2); et Gaius (3): le corps d'un homme libre n'est pas une chose qui ait un prix ; d'autre part, les constitutions (4) des empereurs reproduisent les mêmes maximes, et Cicéron (5) pose en principe que la liberté est inaliénable. L'inviolabilité des droits du citoyen, tel semble donc être le principe constituant de la société romaine. A personne elle n'a concédé le droit de renoncer à sa qualité d'homme libre, de père ou d'époux ; la liberté ne saurait davantage être l'objet d'une transaction particulière; seule, la volonté nationale, par les magistrats, ses représentants dans la cité, et le père, son dépositaire dans la famille, conserve le droit de les anéantir (6). Aussi quand les exigences sociales forceront le législateur à restreindre, en fait, l'absolutisme d'un tel principe, la nation se reconnaîtra partie intéressée dans tous les changements d'état, et se réservera d'intervenir, tantôt comme *témoin*, alors que le père transfère à autrui sa puissance paternelle, en usant du pouvoir que la loi lui donne dans l'émancipation, la coemption ou l'adoption, tantôt comme *partie*, alors qu'un citoyen *sui juris*, c'est-à-dire un chef de famille qui ne relève de personne, consent à une adrogation qui doit changer son état et le faire

---

(1) Dig. (40. 12.) *De liberali causâ*, loi XXXVII. « Conventio privata neque servum quemquam neque libertum alicujus facere potest. »

(2) Dig. (9.2) *Ad legem Aquiliam*, loi XIII. « Dominus membrorum suorum nemo videtur. »

(3) Dig. (9.3) *De his qui effuderint*, loi VII.« Liberum corpus nullam recepit æstimationem. »

(4) Code (7. 16), *De liberali causâ*, loi X, Diocl. et Max. « Liberos privatis pactis vel actu quocunque administrationis non posse mutatâ conditione servos fieri certi juris est. »

(5) Cicéron, *Pro Cæcinâ*, c. 33, § 96 «...Si libertas adimi nullo modo possit ..»

(6) Cicéron, *Pro domo*, c. 29 et suiv. — *Ex corp. Ulp.*, X, § 3. — *Institutes de Just.* I, 12, § 3. — Dig. (48, 19), loi 11, § 3, fr. Marcien. et § 29, fr. Gaius.

5

entrer comme fils de famille sous la puissance d'autrui (1).
Une seule exception se présente dans les textes, et nous
est révélée par Gaius (2), c'est la possibilité, pour une femme
sui juris, de se vouer à une minorité perpétuelle en se met-
tant sous la puissance de son tuteur ; mais si le législateur
a cru devoir permettre cette aliénation volontaire, c'est
qu'elle a lieu dans l'intérêt exclusif de la personne qui veut
changer d'état, dans l'intérêt de la femme qui, d'après les
idées reçues à Rome, est considérée comme étant sans apti-
tude pour les affaires.

Avec des principes aussi absolus sur l'inviolabilité de
l'homme et de la liberté, qu'un citoyen ait pu, à Rome, abdiquer son état entre les mains d'un tiers pour l'avantage de ce
tiers et contre son intérêt propre, c'est ce qui, aux yeux de
graves auteurs, a paru inadmissible en l'absence d'un
texte formel (3). Ils se sont refusés à voir dans le *nexus*
un homme qui se vend à un autre et entre ainsi sous la puissance dans le *mancipium* du créancier ; il leur a donc fallu
chercher ailleurs la clef de ce problème et voici comment ils
en ont compris la solution :

Nexum, disent-ils, est le terme générique de toutes obligations en vertu desquelles un emprunteur remet, comme
garantie, une chose qui lui appartient entre les mains de celui qui lui prête. S'il n'a rien qui soit susceptible d'entrer
dans le *mancipium* du prêteur, il offre alors sa personne ;
mais quelle est la nature de cette garantie ?... Il n'entre pas
dans le *mancipium* d'autrui pour être esclave, il n'abdique
pas davantage l'exercice de sa liberté entre les mains de
ce tiers, à Rome de tels engagements sont impossibles ;

---

(1) Aulu-Gelle, *Nuits att.*, 5, 19. — Cicéron, *Pro domo*, 20. — Gaius, I, 99.
(2) Gaius, *Inst.* I, § 162.
(3) Danz expose et discute succinctement les principaux systèmes de l'école
allemande sur la question du *nexum* dans son *Lehrbuch der Gesch. des Rœm.
Rechts*, tome II, 1843, p. 85 à 106.

mais il vend et confère à son créancier un droit réel sur ses services, non pas sur ses services en général, ce qui ne pourrait faire l'objet d'une mancipation, parce qu'il n'y aurait pas là une chose appréciable en argent, règle essentielle pour tout objet qui doit être mancipé ; ce qu'il mancipe au prêteur, c'est une partie des fruits de son travail, autant qu'il en faut pour représenter la somme empruntée. Au moment de l'emprunt, il n'y a là qu'un engagement, *nexum tantum initum est*. Quand arrive l'échéance : ou le débiteur paye et alors le *nexum* est sans effet, ou il ne paye pas et, dans cette hypothèse, le créancier va exiger la prestation des travaux qui lui ont été mancipés. Le *nexus* peut y consentir de bonne grâce ; s'il résiste, le magistrat intervient et livre le récalcitrant à son créancier qui le détient dans sa maison pour le contraindre à la prestation des œuvres serviles qui lui sont dues. Le *nexus* n'entre pas dans le *mancipium* du créancier, et par suite n'y entraîne pas ses biens, sa famille et généralement tous ceux qui sont en sa puissance ; il reste *sui juris* et ne subit pas de *capitis deminutio*. Sa captivité momentanée ne l'expose à aucune violence ; il n'est soumis à la contrainte qu'en ce qui constitue, pour lui, l'obligation de faire, et de même que l'esclave possédé par un tiers acquiert néanmoins pour son maître, de même le *nexus* possédé seulement par le créancier acquiert pour lui *nexus*, puisqu'il est *sui juris*. Maintenant, lorsque la quantité de travail mancipé a été fournie, il doit être libéré ; pour cela, il n'est besoin de recourir à aucune solennité, le créancier le relaxe purement et simplement (1). Il y a pourtant un cas où cela ne suffira pas : par exemple, si un tiers a acquitté le montant de la dette dont le non-payement avait déterminé la contrainte du *nexus* ; il faut alors que le créancier *rémancipe*, soit au *nexus*, soit à son répondant (*vindex*), les

_____

(1) *Collat. legum mosaïcarum et romanarum*, II, 2. 3. « ..... cum tota sors debiti operis præstitis erat consumpta nuda emissio à creditore sufficiebat. »

services non encore perçus, mais exigibles en vertu du droit
conféré par le *nexum* ; c'est ainsi que Manlius (1) délivre un
débiteur chargé de fers, *par la balance et par l'airain* (2).

A considérer seulement les conséquences de ce système,
on se demande tout d'abord s'il n'est point en quelque sorte
dépourvu d'intelligence historique. Si le *nexus* se trouve à
peu de choses près dans la position de l'homme du texte de
Paul, qui loue ses services à un autre (3), s'il conserve ses
droits dans leur intégrité et ne tombe pas même sous la puissance du créancier, que deviennent désormais les réclamations instantes de la plèbe pour l'abolition de l'engagement
corporel volontaire, et quelles causes faut-il de nouveau assigner à ces séditions populaires qui ébranlèrent tant de
fois la cité? La situation qui lui est faite, est-elle à tout
prendre si intolérable? En principe, tout débiteur n'a-t-il pas
pour devoir d'employer son travail à désintéresser son
créancier? Or, si le contrat de nexion n'eût été autre
chose qu'un engagement pris à l'avance d'accomplir ce
devoir selon toute rigueur, sans aucune déchéance ou servitude, on a peine à croire que les anciennes annales se fussent empressées à reconnaître dans les *nexi* d'infortunées
victimes, avant tout dignes de pitié. D'autre part, la subtilité
de ces déductions juridiques forme un contraste choquant
avec la simplicité naïve et les formes primitives de la cérémonie *per æs et libram* dont le *nexum* a conservé l'empreinte,
et il est pour le moins fort douteux que de semblables
conditions aient pu à cette époque du droit trouver aisément
place dans un acte légitime.

(1) Tite-Live, VI, 14.

(2) *Voir* à l'appui de ce système : Schilling, *Traité du droit de gage et d'hypothèque chez les Romains*, § 204, n° 1 et suiv. traduc. de M. Pellat. — Ca-
rolus Sell, *De jure rom. nexo et mancipio.* — Lev. de la Mars. *Hist. de la cont.
p. corps*, page 24 et suiv.

(3) Paul *Sent. Recep.* II, 18, § 1. « ...Homo liber qui statum suum in potestate
habet et pejorare eum et meliorem facere potest; atque ideo operas suas
diurnas nocturnasque locat. »

De ce que la mancipation principale des œuvres serviles affectées à l'acquittement d'un prêt ne paraît pas devoir constituer le *nexum*, faut-il en conclure qu'il est non-seulement inutile mais impossible de trouver une vente dans l'engagement du *nexus*? C'est là une opinion (1) à laquelle un récent mémoire a donné une certaine publicité ; voici avec quelques développements la manière dont elle est produite (2) :

L'emploi de la balance dans les actes de droit civil n'était pas un symbole, mais une vérification indispensable du poids de la monnaie. Plus tard, après l'introduction de la monnaie d'argent, cette cérémonie devint inutile ; on la conserva cependant, au moins en simulacre, par habitude d'abord, et sans doute aussi parce qu'en consacrant les actes, la loi avait consacré en même temps la forme ordinaire de ces actes, et les circonstances dont ils étaient accompagnés. Mais il importe de reconnaître, avant de chercher à définir le *nexum*, que l'explication de ce rapport de droit ne doit pas être demandée à l'emploi de l'airain et de la balance. Il y avait, en effet, dans le *nexum* autre chose qu'un pesage (3) : c'était d'abord une sorte de représentation de la société politique par cinq témoins citoyens et de la puissance religieuse par un *libripens* pontife, puis une déclaration de volonté, *nuncupatio*, ce qui revient à dire que, sous le nom de *nexum*, les juges romains devaient sanctionner tout acte dans lequel aurait eu lieu une prestation d'argent réelle ou simulée et faite suivant les formes consacrées, c'est-à-dire avec le pesage solennel. Ce *nexum* n'est qu'une forme dont le contenu est déterminé par la *nuncupatio* ; suivant que les parties employaient telle ou telle formule, l'acte fait *per æs et libram* était ou une mancipation, ou un

---

(1) *Mém. de l'Inst. académ. des sc. mor. et pol.*, tome V, page 379 et suiv. *Du prêt à intérêt chez les Romains*, par M. Giraud.

(2) Elle s'applique incidemment à réfuter le système précédent.

(3) De Savigny, *Ueber das altrom. Schuldrecht*, Berlin, 1834, et M. de Scheurl, *Vom Nexum*. — *Contrà*, Bachofen, dans l'ouvrage déjà cité.

testament, ou un contrat de prêt, ou un paiement. Plus tard, quand les progrès du droit restreignirent de plus en plus cette forme, parce qu'on n'avait plus besoin de la balance, dans le petit nombre de cas déterminés où l'on s'en servit encore, le pesage réel fut remplacé par un pesage fictif. C'est alors que se manifeste parmi les jurisconsultes romains le dissentiment dont parle Varron : les uns, Manilius entre autres, conservaient au terme de *nexum* sa généralité primitive; les autres, avec Scævola, exigeaient pour qu'il y eût *nexum* une intention obligatoire, ce qui excluait le cas de mancipation pure et simple et sans clause de *fiducie* (1).

C'est pour n'avoir pas fait ces distinctions, autorisées d'ailleurs par les textes, que la plupart des nombreux auteurs qui ont écrit sur ce sujet ont voulu voir dans le *nexum* un emploi de la mancipation avec une intention obligatoire. Cela admis : il faut qu'il y ait une chose mancipée; mais cette chose mancipée n'aurait pu être que l'argent prêté ou la personne du débiteur. Or, l'une et l'autre supposition sont également inadmissibles, et cela seul suffit pour renverser le système. L'argent prêté, en effet, n'est pas chose *mancipi* ; si d'ailleurs c'est le prix de la vente, ce ne peut pas être en même temps la chose vendue. Reste donc la personne du débiteur; mais où trouve-t-on qu'en droit romain un homme libre ait pu se manciper lui-même et sous condition? On a voulu démontrer que l'objet vendu était non pas la personne, mais les services du débiteur; n'est-ce pas oublier que les services personnels ne sont qu'une indemnité pour le non-remboursement du prêt à l'échéance, et par conséquent subordonnés au fait de non-remboursement. Il n'est donc pas seulement inutile, il est impossible de trouver une vente dans le prêt revêtu de la forme du *nexum*; Varron a voulu parler d'un *engagement* personnel du débiteur pour

(1) *Mém.* de M. Giraud dans la collection de l'Institut, page, 411 et suiv.

le cas de non-paiement, d'une sûreté qu'il accorde à son créancier par un pacte inséré au contrat et qui en fait partie, de même que les *pacta adjecta in continenti* font partie intégrante des contrats consensuels. Le débiteur qui s'était ainsi personnellement engagé pour sûreté de sa dette s'appelait *nexus*, et la stipulation qui produisait cet effet accompagnait ordinairement le *nexum*, mais n'en était pas une conséquence nécessaire. Il pouvait y avoir *nexum* sans engagement personnel du débiteur, mais on comprend que les créanciers faisant la loi du contrat devaient rarement renoncer aux sûretés que leur offrait un pareil moyen de recouvrement. Du reste, il n'était pas plus essentiel au contrat qu'une constitution de gage ou de caution.

Cela dit, le *nexus* n'est point *capite minutus*, il ne passe pas dans le *mancipium* de son créancier, il reste *sui juris*, mais le créancier a sur sa personne un droit de rétention comparable au droit du créancier gagiste sur la chose donnée (1).

Il n'entre pas dans le plan de cette étude de soulever maintenant, pour les résoudre, les objections qui surgissent contre ces deux systèmes (2) : il suffirait, à tout prendre, de donner à cette question historique une solution différente qui se pliât aux exigences des principes, pour démontrer l'insuffisance de ces déductions ; pour le moment, nous nous contenterons d'avoir retracé les éléments de la discussion, nous réservant d'y revenir dans la suite.

Ces arguments ne nous ont point convaincu et nous n'en persistons pas moins à voir dans le *nexum* (3), une vente de l'homme libre faite selon les formes ordinaires de la mancipation ; et comme elle est la base, le point de départ de

---

(1) Sur les conséquences de ce système. *Mém. de l'Inst.* tome V, p. 446 et suiv. — *Revue de législation*, tome XXVIII, pag. 480.

(2) Pour les sources : voir la liste des auteurs cités par M. Giraud, p. 381. note (1).

(3) Puchta, *Inst.* tome, I. — Saumaise, *De usuris*, page 860 et suiv.

notre opinion, voici comment nous établissons la possibilité en droit et l'existence en fait d'une telle vente.

L'esclavage volontaire se montre dans toutes les périodes barbares, en Egypte, en Grèce et chez le peuple hébreu ; en Asie, du temps de Lucullus (1), en Gaule, du temps de César (2) ; on le retrouve encore dans les civilisations du moyen-âge, et jusque dans l'histoire moderne nous le voyons verser dans les rangs serviles des flots de sang libre. Par quelle incompréhensible anomalie, la Rome des premiers âges qui faisait si peu de cas de la liberté en dehors de la richesse, qui concédait à tout venant l'asile et le droit de cité, et qui déduisait avec son inflexible raison jusqu'aux moindres conséquences de ses principes, aurait-elle repoussé la vente de l'homme libre ; la souveraineté de soi-même n'y était-elle pas considérée comme un droit naturel, et la rigueur logique qui conduisait ce droit jusqu'au suicide, n'admettait-elle pas, à plus forte raison, le pouvoir d'aliéner la liberté et le droit de cité ? Aussi bien, avons-nous vu, dans les premiers siècles de Rome, cette vente volontaire de l'homme libre devenir pour le patriciat le nerf d'une savante oppression, pousser dans le sol italique de longues et profondes racines, se perpétuer plusieurs siècles malgré les premiers efforts de Servius demeurés stériles, et les luttes incessantes du tribunat, pour se venir inscrire en caractères malheureusement effacés dans les Tables décemvirales. C'est cette même coutume qui se maintient assez vivace pour résister plus tard aux prohibitions de la loi Pœtelia, éluder les sénatus-consultes en se transformant sans mourir, et demeurer tellement enracinée dans les mœurs que les décisions de la jurisprudence, les inspirations des philosophes, les lois et les constitutions des empereurs sont impuissantes à la supprimer ; qui finalement, un instant assoupie, se réveille

(1) Plutarque, *Vie de Lucullus*, 35, 86.
(2) César, *Comm. de bello gallico*, VI, 13.

vers le déclin de l'empire, au sein des misères publiques, plus hideuse et plus déplorable que jamais. Disons plus, alors même qu'on viendrait à démontrer d'une manière victorieuse que ces sortes de vente ne furent pas en usage aux temps de la république et de l'empire, ou qu'elles ne furent admises qu'avec certaines restrictions, cela ne pourrait, en aucun cas, s'appliquer à la législation aristocratique des premiers siècles de Rome. Mais une telle preuve, il faut la tenir pour impossible : en dépit des belles maximes des philosophes et malgré les aphorismes des jurisconsultes en faveur de la liberté, l'aliénation fréquente que les hommes libres faisaient de leur personne est une vérité de fait si incontestable, que les commentateurs qui, comme Théophile (1) et Godefroy (2), ne peuvent nier dans leurs gloses l'évidence de certains textes, se sont mis l'esprit à la torture pour s'expliquer ces ventes d'hommes libres dont il est si souvent question dans les textes du droit romain (3).

Il est vrai que le contrat primitif du *nexum* n'avait pas dû survivre à la loi Pœtelia (4); mais d'abord cette loi ne s'appliquait qu'aux seuls citoyens romains, c'est-à-dire à ceux qui avaient le privilége de contracter dans la forme

(1) Théophile, sur les *Inst. de Justin.* Tit. *De jure personar.* § 4.
(2) Godefroy, sur la *Constitut.* 59 *de l'empereur Léon.*
(3) Voir au *Digeste* et au *Code* les titres *De liberali causâ*, et *Quibus ad libertatem.*
(4) Cicéron, *De Repub.* II, 35. « .... *Nectireque postea desitum.* » Selon Tite-Live la loi *Pœtelia* 326 ou 318 av. J.-C. eut pour but de rendre dans le présent la liberté aux *nexi* et de prohiber pour l'avenir le contrat de nexion «...*ita nexi soluti cautumque in posterum ne necterentur* (VIII, 28). C'est aussi l'opinion de Varron. D'après Denys, cette loi rendit seulement la liberté aux *nexi* qui se trouvaient dans la position du jeune Publilius à l'occasion duquel la loi fut décrétée, et encore cet élargissement ne fut-il pas pur et simple; à ce que rapporte Varron, la loi décida : *ut omnes qui bonam copiam jurarunt ne essent nexi, sed soluti*; ce qui, selon Niebuhr, doit s'entendre dans ce sens : « Ceux qui affirmeraient par serment qu'ils sont en état de parvenir à se libérer, cesseraient d'être obligés. » (Niebuhr, t. IV, page 389.— t. V, p. 213.— Traduction Nisard, p. 539.) — Cujas et Saumaise lisent : *jurarunt*, et disent que ce qui fut demandé aux *nexi* ce fut le serment d'insolvabilité.

romaine ; au surplus, l'engagement corporel restait moins
les formes, et l'homme pouvait faire par une vente (1) ordinaire ou par un contrat de gage (2), ce qu'il faisait auparavant par le *nexum* ; seulement grâce à l'extension du commerce (3), à mesure que l'aisance eut pénétré dans Rome,
l'engagement corporel qui avait été, dès le principe, la base
de tous les prêts, devint peu à peu l'exception et la ressource extrême de l'indigent porté au désespoir ; mais il ne
disparut point pour cela, et les relations de Rome avec les
autres peuples, chez lesquels elle retrouvait partout l'esclavage volontaire, contribuèrent à en perpétuer l'usage.

Cicéron pose en principe (4) (et c'est, dit-il, selon la coutume de nos ancêtres) qu'un citoyen romain peut volontairement abdiquer ses priviléges de citoyen et sa liberté ;
nous avons un fragment de Marcien (5), où ce jurisconsulte
traite positivement de la manière de se placer en servitude
en se vendant ; et Justinien, en transcrivant ce passage dans
ses Instilutes (6), témoigne de la persistance d'un tel abus.

Ces ventes n'ont pas toujours le même but : les motifs en
étaient souvent fort honorables. Quintilien (7) rappelle
l'exemple d'un fils qui s'était vendu à un gladiateur, afin de
se procurer de l'argent pour rendre à son père les honneurs

---

(1) *Dig* (1, 5) *De statu hominum*, loi V, § 1. — *De liberali causâ*, loi V, § 1.

(2) *Dig*. (40.12) *De liberali causâ*, loi XXIII, § 1, fr. Paul (et Godefroy sur cette loi). «...Pignori se dari passi sunt.... denegatur ad libertatem proclamatio...»

(3) Troplong, *Du prêt*, préface, p. LVI.

(4) Cicéron, *Pro domo suâ*, 29. « ..... Scilicet quum hoc juris à majoribus proditum sit, ut nemo civis romanus aut libertatem aut civitatem possit amittere *nisi ipse auctor factus sit*..... Ita comparatum est ut civis romanus libertatem nemo possit INVITUS amittere..... civitatem verò nemo unquam ullo populi jussu, amittet invitus....»

(5) Marcianus, lib. I, *Institutionum* ; *Dig*. (1, 5) *De statu hominum*, loi V, pr. et § 1. « Servi autem in dominium nostrum rediguntur aut jure civili aut gentium. Jure civili si quis se major viginti annis ad pretium participandum venire passus est....»

(6) *Instit*. I, tit. 3, *De jure personarum*, § 4. — *Dig*. (40.13). *Quibus ad libert. procl. non licet*. loi I, fr. Ulpien, et loi 3, fr. Pomponius. — *Dig*. *De liberali causâ*, loi VII.

(7) Quintilien, *Déclamat*. 302.

de la sépulture ; d'autres fois , c'était un infortuné qui préférait à une honteuse misère les périls sanglants du cirque (1) :

Nunc caput in mortem vendunt, et funus arenæ (2),

dit le vieux poète Manilius ; ou bien encore il s'agissait d'arracher à la servitude un père captif chez l'ennemi ; de désintéresser un créancier avide avec une partie de son prix. Que dire de cette époque malheureuse dont Salvien nous a conservé une peinture fidèle , où d'infortunés citoyens allaient chercher dans le colonat volontaire des moyens assurés d'existence, au prix de leur liberté ? C'était enfin un citoyen qui, à l'époque où le flambeau de la civilisation païenne brillait de son plus vif éclat, donnait sa personne en gage avec connaissance de cause (*pignori se dari passi sunt*), et dans cette position que le jurisconsulte Paul (3) met sur la même ligne que l'esclavage (par suite si différente de celle de l'homme dont il parle dans un autre texte (4), qui ne fait que louer ses services et reste libre du moins); le contrat est bon, il ne sera pas permis de briser un tel engagement, *denegatur ad libertatem proclamatio* (5).

Je n'ignore pas que Cujas (6), suivi en cela par quelques interprètes et glossateurs, n'admet la validité de la vente d'un citoyen qu'autant que le vendeur s'est entendu avec le vendu pour simuler l'état servile et tromper l'acheteur, qui

---

(1) Voir : *Collat. leg. mos. et roman.* Texte tiré d'Ulpien *De officio proconsults* où il est dit qu'on ne doit point accepter le témoignage de celui : « qui depugnandi causâ *auctoratus* erit, quive ad bestias depugnare se locavit. — *Auctor,* c'est le vendeur ; *auctoratus,* celui qui est vendu.

(2) Manilius cité par Saumaise, p. 864 et Properce :
« Hic dabit immundæ venalia fata saginæ. »

(3) Dig. (40.12) *De liberali causâ,* loi XXIII, § 1.

(4) Paul. *Sentent. Recept.* II, 18, 1.

(5) Devant la précision de ce texte Cujas suppose que les copistes ont omis une négation et qu'il faut mettre NON *denegatur.* (Sur le liv. L, Pauli *ad edictum.*) En ajoutant ou supprimant à volonté une négation, quel texte ne serait-on pas plier à son sentiment ?

(6) Cujas sur les *questions de Paul,* lib. XII, ad leg IV, *Quib. ad libert.*

était de bonne foi ; comme dans l'espèce suivante. Titius
vient trouver Sempronius et lui dit: je consens à passer
pour votre esclave ; vous me vendrez comme tel à Primus,
moyennant un prix. La vente avait lieu ; le prix, une fois
payé, Titius s'élevait contre la vente, prouvait sa qualité
d'homme libre et forçait Primus à renoncer à toute puissance
sur lui ; et comme Sempronius s'était éclipsé, après avoir
préalablement partagé, dans de certaines proportions, le prix
avec Titius, qui était son complice, l'acheteur, trompé par
cette ruse, demeurait sans recours. C'est cette seule fraude,
enseigne-t-il, qui fut punie par les sénatus-consultes (1) ;
ils maintinrent dans ce cas la vente et laissèrent dans la
servitude celui qui s'était ainsi laissé vendre, pourvu toutefois que l'acheteur fût de bonne foi et eût ignoré l'état
d'homme libre, sinon il ne méritait aucune indulgence (2).
C'est ce que dit Ulpien (3), d'accord avec Marcien ; c'est en
ce sens aussi qu'il faut entendre la loi III *quibus ad libertatem* (4), et Justinien, dans ses Institutes, se conforme à la
décision de Marcien (5).

Même en admettant une telle interprétation, ces limites,
posées à l'abdication de la liberté, ne sauraient s'étendre au
droit primitif de Rome ; elles ne sont guère antérieures à
l'époque impériale, et il est certain qu'auparavant la vente
de sa personne, par cela seul que celui qui l'avait consentie
était âgé de vingt ans (6), élevait contre lui une fin de non-

(1) Dig. (40.13) *Quibus ad libert.* loi V, fragment extrait d'un commentaire de
Paul sur le S. C. Claudien.
(2) Dig. (40, 12), *De liberali causa*, loi VII, § 2, fr. Ulpien.
(3) Dig. (40, 13), *Quibus ad libert.* loi I, « Majores viginti annis ità demùm ad
libertatem proclamare non possunt, si pretium ad ipsum qui veniit pervenerit
ex cæteris autem caussis..... ad libertatem ei proclamare licet. » — Dig. (40,
12), *De liber. causá*, loi VII. pr. (lib. LIV, *ad edictum*). « ... Nihil abest quo
minùs possint in libertatem proclamare nisi fortè se venundare passi sunt ut
participaverint pretium.... »
(4) Dig. (40, 13), *Quib. ad libert.* loi III, fr. Pomponius.
(5) *Instit.* I, tit. 3, *De jure pers.* § 4.— Dig. (1,5), *De statu hom.* loi V, pr. et § 4.
(6) Code (7, 16), *De liber. causá*, loi XVI, *Const.* de Dioclét. et Maximin (*in fine*).

recevoir absolue ; il eût été repoussé dans sa réclamation par une exception tirée de ce que, majeur de vingt ans, il avait abdiqué son état et par là s'était montré indigne d'y revenir jamais. C'est Alexandre Sévère qui vient certifier ce point historique. Il s'agissait de résoudre cette question : Une femme libre, qu'on a achetée du fisc, est-elle admise à réclamer sa liberté ? Oui, répond l'empereur ; aujourd'hui nous ne sommes plus au temps où l'on peut opposer à un citoyen romain qui s'est vendu, qu'il l'a fait étant majeur de vingt ans ; il faut maintenant, pour que cette exception soit admise, qu'il ait de plus consenti à se laisser mettre en servitude *participandi pretii gratiâ* (1), et ce fait n'est pas constant dans la cause.

Quelle eût été, du reste, l'utilité de ces lois, le plus souvent impuissantes, qui vinrent protéger la liberté, si l'usage des engagements corporels n'avait pas été enraciné dans les mœurs ? C'est d'abord l'empereur Claude qui, à une époque où les guerres civiles et les tyrannies avaient appauvri Rome de citoyens, fait porter un sénatus-consulte relatif aux réclamations de l'homme libre et favorise, par tous les moyens, le retour à la liberté à ceux que l'infortune seule avait poussés à un acte désespéré ; n'excluant de ce bénéfice que ceux qui joindraient à une ignominieuse insolvabilité le mépris de l'état de citoyen. Ce sont ensuite des lois nouvelles qui se succèdent sans parvenir à extirper un usage qui a résisté à tant de prohibitions, et le commerce de la liberté qui renaît sous des apparences nouvelles, se trans-

---

(1) Code (7, 16) *De liber. causâ*, loi V. « ..... Sed nec *hodiè* ad præscriptionem operatur, quod venditionis tempore *major viginti annis* fuerit : cùm ætatis allegatio non aliàs possit præscriptionem adversùs civem romanum accommodare quàm si participandi pretii gratiâ consensum servituti dedisse probetur.» — Code (7, 16) *De liberali causâ*, loi XVI. Une femme donnée en dot (*nesciente*) comme esclave, conserve néanmoins sa liberté. Et plus loin : « ...et placuerit *minores viginti annis* nulla ratione mutare statum posse ac pro liber's servos fieri ne ante libertatem inconsultè amittant quàm.... etc.»

forme avec le colonat, se perpétue de si longues années qu'on trouve encore dans les recueils de Justinien (1) la consécration et la régularisation de pareils contrats, et que l'empereur Léon est le premier qui condamne d'une manière radicale et proscrive sans condition, comme sans réserve, l'aliénation de la liberté (2).

Mais Cujas a-t-il bien pénétré le sens véritable de cette clause *participationis pretii*? Il est permis d'en douter, car rien ne prouve, comme il l'avance, que la bonne foi de l'acheteur soit nécessaire lorsque la vente contient la clause de participation de prix; les textes où il est parlé de cette bonne foi, ne font pas mention de la circonstance *ut participaverit pretium*; ainsi lorsque Paul (3) suppose qu'un citoyen s'est laissé vendre (*se pateretur venire*) à un acheteur de bonne foi et qu'il lui refuse dans ce cas le droit de réclamer la liberté (*denegabitur ei proclamatio*), lorsque Ulpien (4) examine une hypothèse analogue, il n'est nullement question de vente avec la clause *partitionis pretii*; il y a au surplus une foule de textes dans le Digeste (5) où on examine des cas de vente de soi-même, faite sans cette clause de participation du prix.

Il n'est pas davantage établi que le sens de cette clause soit restreint, comme le soutient Théophile (6), au cas où il

(1) Code (11, 47) *De agricolis et censitis et colonis*, loi XXII. « Cum scimus nostra jura nolle præjudicium generare iniquam circa conditionem.... sancimus solam confessionem, vel aliam quamcumque scripturam ad hoc minimè sufficere : nec adscriptitiam conditionem cuiquam inferre sed debere hujusmodi scripturæ aliquod advenire adjutorium.... melius est.... et non solis confessionibus neque scripturis homines fortè liberos ad deteriorem detrahi fortunam. »

(2) *Novelle* 59 de l'empereur Léon.

(3) Dig. (40, 12) *De liber. causâ*, loi XXXIII. « ..... Qui sciens liberum emit quamvis et ille se pateretur venire, tamen non potest contradicere ei qui ad libertatem proclamat; sed si alii eum ignoranti vendiderit, denegabitur ei proclamatio. »

(4) Dig. (40, 12) *De liber. causâ*, loi VII, § 2.

(5) Entre autres : Dig. (40, 12) *De liber. causâ*, loi XIV, pr. et § 1, fr. Ulpien.

(6) Sur les *Instit. de Justin.* tit. *De jure person.* § 4.

y a intervention frauduleuse d'une tierce personne qui prendra sa part dans le prix, et que cette fraude soit l'essence de ce pacte. Cela est si vrai que l'empereur Léon dans la Novelle 59, portant abolition des sénatus-consultes qui faisaient tenir la vente de la liberté lorsqu'était intervenu le pacte en question (1), ne parle aucunement de l'intervention de ces tiers. C'étaient eux pourtant qui eussent mérité la plus honteuse flétrissure, eux, complices intéressés, associés volontaires de ce contrat liberticide ; au reste que peut-on demander de plus explicite que ce texte d'Hermogénien (2) : « *cum* « *pacto partitionis pretii, major XX annis venalem se præbuit* « *nec post manumissionem ad libertatem proclamare potest.* » Selon Godefroy, voici l'espèce : il s'agit d'un débiteur, homme libre, bien entendu, car un esclave ne se pourrait présenter comme vénal (*venalem se præbere*) avec des clauses semblables, qui voulant satisfaire son créancier, se vend à Primus (*venalem se præbuit*), et qui appose à cette vente le pacte *partitionis pretii*, c'est-à-dire stipule qu'une portion du prix sera donnée à son créancier pour le désintéresser, et que le surplus lui sera laissé *in solatium servitutis*. Dans cette hypothèse, le pacte est bon, la vente tient, le débiteur qui s'est ainsi vendu ne pourra réclamer la liberté ; pourtant il faut reconnaître, d'une part, qu'il n'y a pas de tiers intervenant, puisqu'il se vend lui-même (*venalem se præbuit*); d'autre part, que l'acquéreur n'est pas de bonne foi, puisque, d'après le jurisconsulte, le pacte *partitionis pretii* fait partie de la vente dont il est une condition, et que l'acheteur ne peut dès lors ignorer qu'il traite avec un homme libre qui abdique entre ses mains son état et sa liberté.

---

(1) *Novelle* 59 de l'empereur Léon. — Après avoir établi que ces lois de servitude ne corrigeaient pas suffisamment les citoyens pour empêcher ces honteux marchés, il s'exprime ainsi : « Sancimus ut si quis ità demens sit ut libertatem servitute commutans *seipsum vendat*, ne is contractus validus sit, sed evertatur et simul ipse libertatis suæ proditor, simul is cum ipso id facinus designavit verberibus castigentur. »

(2) Dig. (40, 12) *De liberali causâ*, loi XL, et Godefroy sur cette loi.

Il est donc vrai de dire qu'à Rome, dans tous les temps, sauf quelques nuances de détail, on vit la dette se payer avec la liberté ; Paul ne nous rapporte-t-il pas à cet égard une opinion de Quintus Mucius qui donne une autorité à peu près souveraine à la volonté de l'homme sur sa propre liberté (1), et ne nous dit-il pas lui-même que l'action en réclamation est aussi bien refusée aux hommes libres qui ont souffert d'être donnés en gage (2), qu'à ceux qui sont, selon leur consentement, vendus comme esclaves, donnés ou constitués en dot (3) comme tels. Sans doute, nous le répétons, il ne s'agit plus ici du *nexum* condamné par la loi Pœtelia ; les formes sont tombées ; un contrat moins solennel qui n'a pas, à tout prendre, les mêmes conséquences juridiques a pris la place du vieil usage quiritaire ; mais c'est toujours l'exemple d'une convention contraire à la liberté qui n'en reste pas moins valable..... *denegatur ad libertatem proclamatio..... ad eos qui pignori se dari passi sunt* (4).

Que trouve-t-on de si surprenant qu'un homme se puisse livrer lui-même pour le paiement de sa dette ? Le père de famille pouvait bien vendre son fils, et le faisant ainsi passer dans le *mancipium* d'autrui, conférer à l'acheteur des droits

(1) Dig. (40, 12), *De liber. causâ*, loi XXIII, pr. fr. Paul. « Si usumfructum tibi vendidero liberi hominis, et cessero : servum effici eum dicebat Quintus Mucius ; sed dominium ità demùm fieri meum, si bonâ fide vendidissem : alioquin sine domino fore. » La vente sera de bonne foi si, dit Godefroy, suivant les Basiliques, cet homme a souffert de se laisser vendre.

(2) Dig. (40, 12), *De liber. causâ*, loi XXIII, § 1. « In summâ sciendum est, quæ de venditis servis, quibus denegatur ad libertatem proclamatio, dicta sunt, etiam ad donatos et in dotem datos referri posse : item ad eos qui pignori se dari passi sunt. »

(3) On objecte que dans la loi XVI, au C. *De liber. causâ*, Dioclét. et Maxim déclarent libre une femme citoyenne qui a été donnée en dot comme esclave ; les empereurs ont raison : cette femme qui avait seulement loué son travail (si ministerium tuum quasi libera exhibuisti) ignorait la vente (te nesciente), et de plus était mineure de vingt ans, et par suite incapable de changer son état. « Et placuerit minores XX annis nullâ ratione mutare statum, ac pro liberis servos fieri. »

(4) Dig. (40, 12) *De liber. causa*, loi XXIII, § 1.

analogues à ceux du maître sur l'esclave (1), à tel point que
ce maître pouvait l'affranchir et conserver sur lui les droits
de patronat; Gaius nous apprend que tout le système des
émancipations reposait sur de telles ventes (2). Et c'était là
une coutume assez commune aux peuples de l'antiquité ; nous
l'avons retrouvée chez les Hébreux, Plutarque en constate l'existence parmi les peuples de l'Asie (3), et les peuplades de la Russie septentrionale la pratiquaient encore il y
a peu de siècles (4). Quelle anomalie, s'il n'avait pu avoir sur
sa personne ce même droit qu'il exerçait sur les membres
de sa famille. Il est vrai de dire qu'au souffle civilisateur de la
philosophie, l'exercice de la puissance paternelle, considéré
comme droit de propriété et entraînant après lui le droit de
vie et de mort, devait tomber sous la réprobation publique (5) ;
des jurisconsultes (6), des empereurs (7), avaient défendu
de vendre les enfants, de les donner ou de les mettre en
gage ; mais ces lois devançaient sans doute les mœurs, puisque l'usage de ces ventes se maintint malgré les lois. Le
christianisme naissant fut lui-même sans puissance pour
effacer tout d'un coup ces vestiges de barbarie. C'est d'abord
Constantin qui constate l'existence de cette odieuse coutume,
quand il n'autorise le père de famille à vendre (8) que ses
enfants nouveau-nés (*sanguinolentos*), et cela seulement
pour cause d'extrême misère ; c'est Justinien qui vient de
nouveau proscrire dans un intérêt public ce genre d'ini-

(1) Gaius, *Inst.* I, § 132. — Niebuhr, t. V, de la trad. pag. 214-215.
(2) Gaius, I, § 132. — I, § 118.
(3) Plutarque, *Vie de Lucullus*, 35, 36 et 20.
(4) Cujas, liv. V, t. I, § 1, *Sur les sentences de Paul.*
(5) Troplong, *Infl. du christ. sur le d. romain*, page, 253 et 275. — Dig. (20-4)
Qui pot. in pignore, loi dern.
(6) *Sentences de Paul* V, 1, § 1.
(7) Code, (4-43) *De patrib. qui fil. suos dist.* loi I, Dioclét. et Maxim.
(8) Code, (4-43) *De patrib. qui fil. suos dist.* loi II. « ..... Emptor obti-
neudi ejus servitii habeat potestatem..... » On pourra toutefois en les ra-
chetant leur rendre la liberté et l'ingénuité. — C. Theod. *De exposit.*

quité, et déclarer nulle cette sorte de vente (1) ; durant cet intervalle, les voix éloquentes des Pères de l'Eglise (2) avaient préparé cette importante réforme.

Ainsi le trafic de la liberté, tantôt instrument de crédit, tantôt servant de rempart et de protection contre des haines invétérées tantôt de refuge contre la misère, fut en usage de tout temps à Rome. C'est un homme libre qui aspire à remplir les fonctions serviles des *actores* (3) et se vend à un maître ou à une ville pour exercer ce ministère, et qui, par suite d'un tel changement, subit une diminution de tête (*capite minuitur*) et voit son testament devenir *irritum* (4). Ce sont des soldats qui se laissent vendre en servitude, et cette sorte de délit qu'on ne punit pas même chez un simple citoyen, présente chez les premiers, sans doute par sa fréquence, une telle gravité, que Ménandre, au rapport du jurisconsulte Macer, n'hésite pas à le punir du dernier supplice (5). Ils sont citoyens romains ces hommes qui, même encore du temps de Columelle, engagés volontaires, travaillent aux travaux des esclaves (6) dans la maison des créanciers. Ils sont citoyens romains, ces infortunés que l'éloquent Salvien nous représente

(1) *Novelle*, 134, c. 7. « ..... quia creditores filios debitorum præsumuntur retinere aut in pignus, aut in servile ministerium aut in conductionem. — *C. de obligat.* « ..... Ob æs alienum servire *liberos* creditoribus jura compelli non patiuntur. » — Cujas dans son commentaire sur les *Sent. de Paul*, V, 1, § 1, cite cette loi dans ce sens.

(2) Saint Basile, sur les *Psaumes*, XIV. — Saint Ambroise, sur *Tobie*, c. 8 et 10.

(3) C (11-36) *Ne quis liber inv. actum....* loi, 1. Nous voyons qu'un homme libre ne peut pas être forcé de remplir les fonctions des *actores*.

On nommait ainsi des esclaves qu'avaient les cités et les citoyens romains opulents pour tenir leurs registres et faire valoir leurs fonds placés à intérêt. — Dig. (12-1) *De rebus creditis*, loi, XLI, fr. Africanus.

(4) Dig. (18-3) *De injusto, rumpto ... test.* loi VI, § 5, fr. Ulpien. « ... Irritum fit testamentum quotiès ipsi testatori aliquid contingit : pùtà si civitatem amittat per subitam servitutem : ab hostibus (verbi gratia) captus vel si major annis viginti venum se dari passus sit ad actum gerendum pretiumve participandum »

(5) Dig. (48-19) *De pœnis*, loi XIV. « ... Quædam delicta pagano aut nullam, aut leviorem pœnam irrogant : militi vero graviorem ; nam si miles artem ludicram fecerit, vel in servitutem se venire passus est, capite puniendum Menander scripsit. »

(6) Columelle, *De re rusticâ* liv. 1, c. 3.

réduits à chercher dans la servitude un refuge et une protection, dépouillés de leur patrimoine par les exacteurs, forcés d'abdiquer leur liberté sous le joug servile de l'inquilinat, finalement traités comme des esclaves alors que leur qualité d'ingénus était permanente et incontestée (1) ; peut-on nier désormais ces ventes d'hommes libres (2), et douter que cet engagement corporel, vieux legs des temps barbares et du droit constitutif de Rome, transformé dans la suite au contact d'une philosophie qui a laissé dans le droit des traces profondes de son influence civilisatrice, ait été une des plaies les plus profondes de la société romaine.

Maintenant est-il rationnel de dire que ce soit là une innovation des derniers temps de la république, quand c'est à cette époque que se placent les premières mesures qui tendent à en restreindre l'effet ? Ces mesures légales ne s'efforcent-elles pas à réprimer ce commerce comme un procédé indirect ayant toute la nature et les effets d'un contrat aboli, et visant à rétablir, sous un autre aspect, un ordre de choses condamné par la loi Pœtelia ? Ne se plaisent-elles pas à considérer cette vente comme une persistance de l'engagement du *nexum*, moins les formes ?

Ainsi l'ancien *nexum* produisait une translation comme la vente ; dans tout *nexum* il y avait une mancipation (3), une aliénation de la personne, et le *nexus* était celui

(1) Salvien, *De gubernat. Dei*, liv. V.

(2) Plaute, *Pers.* IV, 9, 10. « Carnifex qui hic commercaris cives homines liberos. »

(3) Cicéron, *Top.* 5, appelle la mancipation : Traditio alteri nexu. — *Boëce ad Cicéron. Topic.* cap. V. « Mancipi res veteres appellabant, quæ ita abaliena-« bantur ut ea abalienatio per quamdam nexus fieret solemnitatem. Nexus « vero est quædam juris solemnitas, quæ fiebat eo modo, quo, in Iustitutioni-« bus, Gaius exponit. Ejusdem autem Gaii, lib. 1º Iustitutionum, de nexu « faciendo hæc verba sunt : est autem mancipatio, ut suprà quoque indicavi-« mus, imaginaria quædam venditio…. res igitur quæ mancipi sunt, aut « nexu, ut dictum est, abalienabantur, aut in jure cessione. — Puchta, *Institut.* tome I. — *Cursus. der Institut.* t. II, p. 209 et suiv. — *Contrà* de Savigny, *Schuldrecht.*

qui par une vente formelle, selon le droit des Quirites et en
présence de témoins, s'était donné lui-même et tout ce qui
lui appartenait pour de l'argent pesé à son compte. (Le contrat pouvait intervenir dans des circonstances différentes (1) :
au moment de l'emprunt ou au moment de l'échéance
d'une dette précédemment contractée.) Les anciens auteurs
présentent constamment dans leurs récits des citoyens que
la misère force à la dure extrémité de s'engager par le
nexum, et ils parlent alors d'une dation effective (2), équi-
valant à un véritable transport de propriété (3). Nous
savons, au reste, d'après Gaius, que la mancipation est
aussi bien appropriée à la vente des hommes libres qu'à
celle des esclaves.

On formule contre cette théorie l'objection suivante : Rien
n'indique dans les sources du droit qu'un homme libre ait
jamais pu se manciper lui-même. (4) Voici comment nous y
répondons : Quand le contrat de vente eut définitivement
remplacé l'agissement *per œs et libram*, nul doute que ses
formes ne se prêtassent à l'aliénation de soi-même ; nous
avons vu, en effet, que si le plus souvent une tierce personne paraissait interposée dans de semblables contrats, sa
présence n'était nullement essentielle, les textes cités à l'appui ne laissent subsister aucune incertitude sur ce point (5).

(1) Car. Sell, *De jure rom. nex. et mancip.* p. 55.

(2) Tite-Live, VIII, 28..... Cui quum se Publilius ob æs paternum in nexum
dedisset.... — Valère-Maxime, VI, 9.... — Caio Plotio nexum *se dare* coac-
tum... — Festus.... nexi *datio.*

(3) La *nexi obligatio* est *re contracta*. C'est pour cela que Cicéron distingue le
nexum des autres formes civiles d'obligations. « Quæ sunt... facta nexu aut
aliquo jure civili. *Paradox*, c. I, § 35.

(4) Schilling, *Traité du droit de gage chez les Romains*, § 210, note. Traduct.
de M. Pellat.

(5) Dig. (40, 12), *De liberali causá*, loi XL, fr. Hermogénien. « ..cum pacto partitionis pretii major viginti annis *venalem se præbuit....*» — Salvien, *De gubernat.
Dei*, lib. V. — *Novelle*, 59 *de l'empereur Léon* «... Suam servitutem mercetur ..
Sancimus ut si quis ità demens sit ut libertatem servitute commutans *seipsum
vendat....* » — Ci-dessus pages 78 et suiv.

Nous sommes donc, outre l'argument d'analogie, fondés à conclure que cette possibilité exista dans l'ancien droit, puisqu'il est constant que c'est de l'époque la plus reculée que date la plus grande extension du droit de disposer de soi-même, et que les âges suivants y retranchèrent toujours sans y ajouter jamais; or, le seul mode pour opérer une vente étant alors la mancipation, le citoyen dut pouvoir se manciper lui-même.

Au surplus, si nous nous reportons aux formes et aux conditions de la mancipation, nous ne trouvons rien qui s'oppose à ce que ce soit le futur *nexus* qui figure lui-même sans l'intervention d'un tiers. Gaius ne nous dit-il pas que la femme *sui juris* peut se mettre elle-même sous la puissance de son mari (1) (*loco filiœ*) par la formalité de la coemption, dont nul ne songe à contester la haute ancienneté? Quand il en explique la nature, voici comment il s'exprime : La coemption qui met la femme sous la puissance du mari n'est autre qu'une mancipation (2), et il en donne les éléments indispensables, c'est-à-dire cette sorte de vente, où figurent cinq témoins, tous citoyens romains pubères, et un *libripens*, outre les parties contractantes, qui sont *la femme* d'une part, et de l'autre *celui sous la puissance duquel elle va se mettre.* C'est seulement lorsqu'il s'agit de personnes qui ne sont pas *sui juris*, mais bien *in potestate parentis*, que le jurisconsulte parle de l'intervention du père de famille comme étant obligatoire, de même que pour l'esclave il faut l'intervention

(1) Gaius, I, § 114. « Potest autem coemptionem facere mulier non solùm « cum marito sed etiam cum extraneo. » La coemption faite avec un étranger était appelée *fiduciaire* et avait pour but de se soustraire à la tutelle existante pour se donner un tuteur de son choix, et aussi avant Adrien, de permettre à la femme de tester. — Gaius, I, § 115. « Tunc enim non aliter feminæ testamenti « faciendi jus hobebant, exceptis quibusdam personis, quam si coemptionem « fecissent remancipatæque et manumissæ fuissent. »

(2) Gaius, I, § 113. « *Coemptione in manum conveniunt per mancipationem id* « *est per quamdam imaginariam venditionem, adhibitis non minùs quam* « *V testibus* civibus Romanis puberibus, item *libripende*, præter *mulierem, eum-* « *que cujus in manum convenit.* »

du maître; car, d'après les idées romaines, les enfants pas plus que les esclaves ne s'appartiennent; ils sont la chose du père, comme ces derniers sont la chose du maître, et, en ce qui concerne la manière de les manciper, le jurisconsulte les place sur la même ligne (1).

En dehors de cette hypothèse, qu'est-il besoin d'un tiers qui intervienne dans la mancipation? Le rôle de celui qui va être mancipé n'est-il pas purement passif. Le mot *mancipatio* (*manu capere*) n'indique-t-il pas lui-même de quel côté est concentrée toute l'activité? Gaius ne place les paroles sacramentelles que dans la bouche de celui qui reçoit en *mancipium;* c'est lui qui accomplit tout le rite solennel de l'acte, qui constate par une appréhension manuelle sa propriété sur l'individu et frappe le plateau de la balance avec la pièce d'airain; et quand lors de la prononciation des paroles consacrées (*Hunc ego hominem ex jure Quiritium meum esse aio*), il s'agira d'en contester la véracité devant les témoins passifs du contrat, de même que le père ou le maître y seront seuls admis, lorsqu'il sera question d'un fils ou d'un esclave, parce qu'ils sont leur chose, de même, l'homme *sui juris* s'appartenant en propre, nul autre que lui ne saurait être admis à faire valoir des droits qui le concernent exclusivement.

Ainsi vendu *per æs et libram* en retour de l'argent qu'on lui prête ou de la somme qu'il devait, le *nexus* passe avec sa famille et ses biens sous le *mancipium* du créancier; on appelle ainsi (*manu capere*) le pouvoir sur les hommes libres acquis par mancipation, soit fictive, soit réelle. Mais il ne devient point esclave; ce qu'il aliène ce ne sont pas ses droits d'homme libre, mais l'exercice de ces droits (2). Bien que la cérémonie de la balance et de la pièce d'airain

(1) Gaius, I, § 117. « Omnes igitur liberorum personæ, sive masculini ....in potestate parentis sunt mancipari ab hoc eodem modo possunt, quo etiam servi mancipari possunt. »

(2) Gaius, I, § 123. «...mancipati mancipatæve servorum loco constituuntur. »

l'ait fait entrer dans le domaine quiritaire du créancier, il conserve, en face de la société et à l'égard de tous autres, sa qualité indélébile d'homme libre; il devient quelque chose d'analogue au fils de famille vis-à-vis de son père ou bien à la femme *in manu mariti*, qui conserve le caractère de personne libre, bien qu'à l'égard de son mari elle soit dans une dépendance qui la rapproche de la chose; aussi on ne disait pas de lui qu'il était esclave, ce qui eût été vis-à-vis de tous une déchéance de toute capacité civile, mais bien qu'il était *in servitute* (1), distinction subtile des Latins qu'il serait difficile de faire passer dans notre langue ; c'était un homme libre qui se trouvait dans une position d'esclave, comme on disait d'un esclave véritable qu'on laissait jouir d'une liberté de fait qu'il était *in libertate*, témoin celui qui aurait été affranchi *inter amicos* (2); sa situation avait quelque chose de relatif, ce n'était qu'entre lui et son créancier que sa condition tenait de celle de l'esclave (3).

Varron, dans un passage caractéristique où il s'applique à déterminer la position du *nexus* dans la maison du créancier, emploie cette qualification d'un homme libre qui est *in servitute*. Voici du reste comment il s'exprime : celui qu'on appelle *nexus* est un homme libre qui pourtant est *in servitute* et cela en compensation d'une somme d'argent dont il est débiteur (*pro pecuniâ quam debebat*); et dans cet état de servitude, en attendant et jusqu'à ce qu'il puisse payer (*dùm solveret*), il donne ses œuvres serviles (*suas operas... dat*) (4).

---

(1) Tite-Live, II, 23. « ...Aliud servum esse aliud servire... » — Paul, dans les *Fragm. Vatic.* § 307, distingue très-bien la *justa servitus* et l'état de ceux qui *pro servis servierunt.* — Quintilien, *De oratore*, lib. V, 10. — Gaius, I, § 123.

(2) Quintilien, *Déclamat.* 311.

(3) Gaius, I, § 138. « Hi qui in causâ mancipii sunt, quia servorum loco habentur... etc. »

(4) Varron, *De ling. latin.* VII, 5, « Liber qui suas operas in servitute pro pecuniâ quam debebat (dat) dùm solveret nexus vocatur. » — Les manuscrits ne portant pas le mot *dat* nous avons adopté la correction de M. de Savigny d'après Spengel. — M. Bachofen décompose ainsi le mot *debebat: debet dat.* — C'est le service de fait d'un homme libre de droit.

Réduit à une dure extrémité et n'ayant pas d'autre moyen de crédit (*ut ab ære obæratus*), un citoyen s'est vendu selon le droit des Quirites pour de l'argent pesé à son compte ; ou bien encore pour éviter les rigueurs d'une *addictio*, il a soldé par la dation vivante de son corps, une dette exigible (1) ; dans les deux hypothèses, il est *nexus* dans toute la force du terme ; il conserve en principe sa liberté, mais de fait il n'en a pas l'exercice, étant *in servitute*. Seulement cet état n'a rien de définitif ; s'il en fut différemment aux premiers temps de Rome, il faut considérer comme chose certaine à l'époque des Douze Tables que le domaine quiritaire du créancier n'acquiert le débiteur que sous une condition résolutoire innée ; nous dirions dans le langage du droit moderne que le contrat de nexion comprend une vente de sa personne avec faculté de rachat en remboursant le prix ainsi que les intérêts, et que jusqu'à ce qu'on exerce son droit de rachat, jusqu'à ce qu'on paye une somme équivalente (2) (*dùm solveret*) ou que l'acheteur soit désintéressé d'une manière quelconque, on doit au maître ses travaux.

Nous admettons bien que ces travaux, qui étaient ceux des esclaves, devaient servir dans de certaines limites à la libération du *nexus*, et nous nous réservons d'exprimer plus loin notre sentiment sur ce point ; mais gardons-nous de croire que le but exclusif du contrat fût le payement par le travail jusqu'à l'extinction du capital et des intérêts de la dette. Ce serait entrer dans un système qui ne recrute ses adeptes que parmi ceux qui érigent en principe qu'à aucune époque un citoyen romain n'a pu, par une vente, disposer directement ou indirectement de sa personne. Le

(1) Tite-Live, VIII, 28, rapporte que le jeune Publilius avait emprunté pour payer la dette de son père ; il espérait que ses parents ou amis lui donneraient le moyen de rembourser. Le moment de l'échéance arriva ; alors ne pouvant payer, il s'engagea par le *nexum*.

(2) Consult. veteris jurisconsulti, VI. (*Corp. juris Antej. bonn. fasc.* I, pages 400-401.)

nexus, disent-ils, est le débiteur qui confère à son créancier un droit réel sur ses services ; aliéner les droits d'homme libre ou seulement l'exercice de ces droits est une chose impossible, mais vendre temporairement ses œuvres serviles à un autre, en retour d'une somme d'argent que l'on en reçoit est une chose toute naturelle ; toutefois , comme d'après les principes généraux de la matière, on ne pouvait étendre la mancipation aux œuvres serviles prises d'une manière générale, parce qu'il n'y aurait pas eu cette appréciation possible en argent de l'objet mancipé, essentiellement nécessaire à la validité de l'acte, on parvenait à les individualiser de la manière suivante : on mancipait une partie des fruits de son travail, autant qu'il en fallait pour représenter une certaine somme d'argent, et la durée de la prestation des œuvres serviles était soumise à l'accomplissement d'une condition, le payement de l'argent prêté (1).

Il suffirait pour écarter une semblable solution qui n'a été cherchée que pour servir d'aboutissant à une donnée dont nous avons reconnu l'inexactitude, de l'examen que nous avons fait de la base même du système que nous avons trouvée inconciliable avec les textes et l'histoire ; ajoutons que la mancipation est un acte légitime, et les actes légitimes n'admettent pas en principe la stipulation d'un terme ou d'une condition (2). Du reste , il n'est nullement établi qu'un pareil contrat ait pu faire l'objet d'une mancipation. Ces *operæ* avaient-elles une individualité assez distincte ? les choses *mancipi* ne devaient-elles pas être susceptibles d'une appréhension corporelle ? On avait fait une exception pour certaines servitudes (3), mais rien n'indique dans les sources

(1) Car. Sell, *De jur. rom. nexo et mancipio,* loc. cit.

(2) Dig. (50-17) *De reg. juris,* loi LXXVII, fr. Papinien. — *Frag. Vatic.* § 329.

(3) *Ex corp. Ulp.* tit. XIX, § 11. Ni la tradition, ni la mancipation ne pouvaient s'appliquer en principe aux choses incorporelles. Mais ces mêmes choses pouvaient faire l'objet d'une *cessio in jure.* « In jure cedi res etiam incorporales possunt velut ususfructus et hereditas et tutela legitimæ libertæ. »

qu'à l'époque des Douze Tables elle se soit étendue à un semblable engagement.

Au surplus à une époque où l'expropriation forcée était inconnue (1), où la propriété était tellement identifiée avec l'homme qu'on ne pouvait s'attaquer isolément à un droit qui était une dépendance absolue du citoyen, il ne faut pas perdre de vue quel avait dû être le but principal du créancier : pas autre que d'arriver aux biens de son débiteur ; et cet effet n'était inévitablement produit que par un contrat faisant passer le débiteur sous son *mancipium*, changement qui entraînait une *capitis deminutio*, et opérait par la force des choses et selon les principes rigoureux du droit, une acquisition au profit du maître de tout ce que possédait l'individu en puissance, et de tout ce qui pouvait lui échoir par la suite (2); sauf, bien entendu, les règles spéciales au *nexum* qui obligeaient, ainsi que nous le verrons plus loin, d'affranchir le *nexus*, dès qu'on avait acquis par lui une somme égale à celle qui était nécessaire pour opérer le rachat de son corps.

Ne confondons point dès lors avec la situation du *nexus* celle de l'homme, dont parle le jurisconsulte Paul, qui loue ses services et qui reste libre et *sui juris* ; la location de service est ici le fait principal et n'entrave pas la liberté. Dans le *nexum*, faire passer le débiteur sous son *mancipium* voilà le fait principal d'où découlent naturellement toutes les conséquences utiles soit au créancier soit au débiteur ; le droit aux travaux suit de lui-même, comme conséquence logique de la possession du *nexus* par son créancier qui le détient dans sa propre maison.

Cette appropriation du débiteur par le créancier, cette entrée du *nexus* dans sa maison, qui l'arrache en fait à

(1) Tertullien, *Apolog.* ch. IV. — Bonjean, *Des actions*, t. I, p. 462, note 2.
(2) *Ex corp. Ulp.* tit. XIX, § 18. « Adquiritur autem nobis etiam per eas personas quas in potestate manu mancipiove habemus... »

l'exercice de la vie civile, sont des faits constants dans l'histoire; les textes à cet égard sont nombreux et précis, et à chaque sédition nouvelle, nous avons vu les *nexi* sortant en foule des maisons patriciennes qui leur servaient d'atelier ou de prison. Aussi nous ne pouvons admettre sur ce point spécial le système de Niebuhr (1). Il accorde que dans le principe la transaction qui intervenait entre emprunteur et créancier était toujours une véritable vente ; puis il ajoute que l'esprit inventif des juristes romains trouva, dans la forme, le moyen de créer un droit de gage, en ce que le vendeur demeurait en possession et, par la restitution de la somme reçue pour prix, dégageait la chose donnée en nantissement, tandis que, dans le cas contraire, l'acheteur revendiquait sa propriété devant le préteur ; et voici comment il est conduit à cette solution : La mancipation, établit-il en principe, ne transfère pas la possession, d'où cette conséquence inévitable, que le contrat d'engagement du *nexus*, qui n'est autre qu'une mancipation, le laisse hors la possession du créancier. Comme suite logique de son système, Niebuhr en vient à admettre qu'il n'y a *nexum* que jusqu'à l'échéance de la dette. A ce moment, d'après cet auteur : ou le *nexus* paye, alors, et par la restitution de la somme prêtée, il dégage sa personne qu'il avait donnée en nantissement, le contrat de *nexum* est anéanti ; ou il ne paye pas à l'échéance, alors cet homme qui s'était donné en gage cesse d'être *nexus*, le créancier réclame son paiement devant le préteur, et faute de ce faire, le *nexus* lui est adjugé et devient *addictus*.

En présence d'un résultat semblable, on se demande quel était le but du *nexum* ; tout créancier n'avait-il pas de droit le pouvoir de traduire son débiteur qui ne le payait pas devant le préteur, et là son aveu ou la preuve de la dette devait

_____

(1) Niebuhr, *Hist. rom.* tome II, p. 206 et suiv. de la traduction. — Bonjean, § 161. Zimmern, § 45.

entraîner l'*addictio*. Le *nexum* n'était-il rien autre chose que la précaution superflue de s'attribuer par avance un avantage qui découlait naturellement de la loi? c'est ce qu'il est impossible d'admettre. Le but de ce contrat, nous l'avons vu, fut, d'une part, d'éviter le recours à l'autorité judiciaire et de procurer au créancier les avantages nés et actuels de la propriété dominicale sur son débiteur. Celui qui prête à un tiers et n'a pas confiance en son crédit, se fierait-il davantage à un simple engagement de sa personne, sans aucune possession effective, pour que, dans l'intervalle qui sépare le prêt de l'échéance, le débiteur eût tout le temps de fuir ou de se lier à terme plus court à un nouvel emprunteur, qui obtiendrait ainsi le premier l'addiction à son profit et laisserait sans recours le prêteur le plus ancien?

Entrant dans un autre ordre de considérations, admettre sur ce point le système de Niebuhr, c'est, dit un auteur, comme si on voulait transporter dans le droit romain cette théorie du droit moderne, d'après laquelle la convention du débiteur de se soumettre à la contrainte personnelle, ne peut servir de cause à la saisie de sa personne que lorsqu'un jugement a permis de l'appréhender au corps (1). A Rome, il n'en a jamais été ainsi et il n'était pas nécessaire d'une sentence du magistrat pour que le débiteur entrât dans la possession effective du créancier. Sans aucun doute, il sera arrivé quelquefois que le débiteur se sera soustrait à la mainmise du créancier; alors il aura fallu un jugement pour le lui restituer, et ce jugement aura fait du débiteur un *addictus* et non plus un *nexus*. Plus souvent le créancier se sera servi à l'égard de son *nexus*, de l'appréhension manuelle appelée *injectio manus* extrajudiciaire (2), pour le placer sous sa puissance et

(1) Troplong, *Mém. de l'Acad. des sc. mor. et polit.* 1843. — *Comptes rendus*, par M. Vergé, séance du 18 mars 1843, et suivantes.

(2) Zimmern, § 44.—La puissance publique, aux époques reculées, ne donne pas dans tous les cas cette garantie à la liberté individuelle de réserver à la justice l'autorité en vertu de laquelle les contrats sont mis à exécution. C'est à cette hypothèse qu'il faut rapporter les *extra vincula capti* dont parle Tite-Live, VIII, 4.

le conduire (1) dans sa maison ; il aura en ce point usé d'un droit semblable à celui qu'avait le maître pour replacer son esclave sous sa puissance (2), droit que le père pouvait également exercer sur son enfant, et le patron sur son affranchi (3) ; mais, poursuit le même auteur, en thèse ordinaire il n'est pas vrai de dire avec Niebuhr que le non-paie-ment à l'échéance donnait lieu à une décision du préteur, qui convertissait le *nexum* en addiction. D'après la règle générale, le débiteur se livrait lui-même, soit au moment du contrat, soit à l'époque ultérieurement convenue. Il se livrait lui-même, disons-nous, parce que le but du créancier était d'avoir un gage dans sa main et non une promesse de gage ; parce que la nature du contrat était de procurer au créancier une sûreté corporelle et actuelle et non pas une espérance sujette à être trompée ; parce qu'enfin les parties, voulant qu'il y eût dation du travail servile, la tradition, la prise de possession, était la conséquence nécessaire de cette volonté. Aussi *nexus* est-il, à proprement parler, le nom du débiteur qui, par suite de la convention, s'est mis dans la possession et sous la main du créancier (4) ; ce mot réveille presque toujours l'idée de débiteurs livrés et vivant en la puissance d'un maître. Ainsi, après la campagne qui avait donné lieu à une suspension du contrat de nexion, nous avons vu les anciens *nexi* rentrer en la possession de leurs créanciers (5) ; et les textes où il est fait mention d'une pareille convention emploient le mot *dare*, qui indique un acte volontaire et non une soumission forcée. Ainsi dit

(1) Tite-Live, II, 23 « ... Ductum à creditore... »

(2) Tite-Live, III, 44.

(3) Quintilien, *De orat.* VIII, 7. — Ailleurs il qualifie le *nexus* par le mot *servire.*

(4) Varron, *De ling. lat.* VII, 5, se sert de l'expression *dat* ce qui suppose qu'il s'agit non pas d'*operæ* promises, mais en cours de prestation ; et celui qui les fournit, il l'appelle *nexus.*

(5) Tite-Live, II, 27. « .... Deinceps et qui antè nexi fuerant, creditoribus tradebantur et nectebantur alii. »

Tite-Live, de ce jeune Romain, fils d'un centurion mort
à la journée des Fourches-Caudines, qui s'était engagé pour
payer les dettes de son père ; et la suite de l'anecdote montre
qu'il était entré dans la possession de ce patricien impudique
qui avait considéré sa beauté de jeune homme comme un
fruit adventice (1) de sa créance (2). Valère Maxime (3) tient
le même langage ; et nous allons voir bientôt que les *nexi*
étaient réellement livrés au maître (*captos et oppressos*),
qu'ils habitaient sa propre maison, et que ce maître avait le
droit de les retenir (*jus retinendi*). Il n'est donc pas vrai de
dire qu'ils n'étaient liés que par un engagement non encore
réalisé.

Assurément si la mancipation transférait seulement le domaine et ne pouvait aucunement donner la possession, il
faudrait conclure que, pour obtenir cette possession, le
créancier devait exercer contre le *nexus*, lors de l'échéance,
l'action en revendication, conséquence nécessaire du droit
réel que ce dernier lui avait conféré sur sa personne, et
que la sentence du préteur le convertissait en *addictus*. Avec
un tel état de choses, il deviendrait difficile de comprendre les troubles qui agitèrent la plèbe, on arriverait à leur
donner pour cause non pas tant un mal présent et réel
que la frayeur d'une *addictio* future ; et pourtant nous avons

---

(1) Tite-Live, VIII, 28 « ..... cum se ob alienum æs paternum *dedisset*.......
florem ætatis ejus, fructum adventitium crediti ratus... »

(2) Ce fut à l'issue de cette scène, si bien décrite par Tite-Live (VIII 28), et
Denys (*De virtutibus et vitiis*), qu'une nouvelle révolte du peuple nécessita la loi
Pœtelia-Papiria qui rendait la liberté à tous les nexi. — « Quùm sunt, propter
unius libidinem, omnia nexa civium liberata, nectireque posteà desitum, » dit
Cicéron (*De Repub.* II, 35). — Suivant Tite-Live cette loi se place en 429. Denys
lui assigne l'année 462 ; Varron (VII, 105) la rapporte au temps de Sylla, mais
à cette dernière époque on ne trouve dans les fastes consulaires aucun consul
du nom de Pœtelius ; aussi Niebuhr conclut qu'il s'agit du même fait avec quelques variantes et erreurs de copiste (*Hist. rom.* t. V, p. 211.). Suivant Montesquieu, Tite-Live et Varron ont eu en vue deux faits différents. (*Esprit des
lois*, XII, 21).

(3) Valère Maxime, VI, 1, 9. « ..... Propter domesticam ruinam et grave æs
alienum nexum *se dare* coactus. »

vu, dans les luttes acharnées du peuple, cette distinction soigneusement établie, et les réclamations tendant à l'abolition du *nexum*, respecter au contraire l'*addictio*, qui résulte de la sentence prétorienne.

C'est qu'en effet, soit avant la loi des Douze Tables, soit sous l'empire de cette loi, la mancipation ne donne pas seulement le domaine quiritaire, mais encore la possession de la chose mancipée. La vente primitive n'est autre chose que l'échange, et comme il ne s'agit pas encore à cette époque des subtilités d'un contrat et de promesses d'échanges, un échange en fait c'est l'action de mettre sa chose de ses mains dans celle du tiers co-échangiste pour provoquer de sa part un acte pareil, ou plutôt les deux actes s'accomplissent ensemble, donnant donnant. Telle est aussi la nature de la mancipation; le symbolisme de la cérémonie de la balance est une réalité dans les premiers âges de Rome ; la translation de la propriété et l'appréhension immédiate de la chose et du prix s'y manifestent d'une façon visible de part et d'autre.

Selon Gaius, les choses sont *res mancipi* ou *res nec mancipi*, distinction qui était, à son sens, contenue dans la loi des Douze Tables (1). Les choses *mancipi*, seules susceptibles de mancipation, sont mobilières ou immobilières. Pour celles qui sont mobilières, dans l'énumération desquelles est compris le corps d'un esclave ou d'un homme libre (2), la mancipation ne peut avoir lieu que si elles sont présentes (3), à telles fins que celui qui reçoit en *mancipium* puisse saisir la chose qui lui est mancipée, et cela est, ajoute Gaius (4), de toute nécessité (*necesse sit*). C'est même de

---

(1) Gaius, II, § 47.

(2) Gaius, I, § 121.

(3) *Ex corp. Ulp.* tit. XIX, § 6. « ..... Res mobiles non nisi praesentes mancipari possunt, et non plures quàm quot manu capi possunt... »

(4) Gaius, I, § 121. « ... Personae serviles et liberae, item animalia quae mancipi sunt, nisi in praesentiâ sint mancipari non posse, adeò ut eum (qui) mancipio accipit adprehendere id ipsum quod ei mancipio datur necesse sit — undé etiam mancipatio dicitur quia manu res capitur.... »

cette forme essentielle que la mancipation tire son nom, parce que la chose est prise par la main (*manu capitur*). S'il s'agit de choses *mancipi* immobilières auxquelles, par une extension en rapport avec les besoins nouveaux, la formalité *per æs et libram* dût s'appliquer à son tour, l'appréhension de la chose, impossible pour le tout, s'étend à une fraction de cet objet qui est prise pour ce tout, et passe d'une main à l'autre. Cette appréhension manuelle, qu'est-ce autre chose qu'une prise de possession? La présence des objets, réelle ou fictivement représentés, n'est pas exigée dans un autre but. Et si celui qui a mancipé reçoit à l'instant même le prix de la chose mancipée (1), c'est en récompense de la tradition réelle opérée par la mancipation.

§ 2. — DES EFFETS DU NEXUM.

Ainsi mancipé et livré, le *nexus* est conduit dans la maison du maître (2), il habitera sous le même toit que son créancier (3), c'est ce qui résulte de l'histoire du jeune Publilius; de gré ou de force on le pourra retenir (4) (*jus retinendi*) et l'astreindre à un travail productif (5). Quant à la

---

(1) Gaius, I, § 119. «.... Deindè ære percutit libram, idque æs dat ei à quo mancipio accipit, quasi pretii loco. »

(2) Tite-Live, II, 28..... Ut pro patriâ civibusque non pro *dominis* pugnent. Ce droit de propriété est une suite de la mancipation. Il est tellement constant, que celui qui enlevait le *nexus* était tenu pour voleur. — Gaius, III, 199. « Interdum etiam liberorum hominum furtum fit... » et il cite comme exemple la femme *in manu*, l'enfant *in potestate*, le *judicatus* et l'*auctoratus*. Si les *nexi* n'y sont point compris, c'est qu'à cette époque le *nexum* n'existait plus. Son énumération comprend tous ceux qui se trouvaient alors *in mancipii causâ*.

(3) Valère Maxime, VI, 1, 9.

(4) Tite-Live, II, 24. « Hoc proposito edicto, et qui aderant, nexi profiteri extemplo nomina et undique ex totâ urbe proripientiumve ex privato, quum retinendi jus creditori non esset. »

(5) Varron, *De ling. lat.* VII, 5. — Quintilien emploie le mot *servire*, VII, 3, § 26. — Plutarque et Denys se servent de l'expression δουλεύειν et traduisent *nexus* par : δοῦλον σῶμα emprunté au droit de la Grèce. — C'est pour compenser ce travail que lors de la première émeute il en était qui proposaient de délivrer aux créanciers à la place des *nexi* des esclaves pris à la guerre et appartenant à la République.

nature de ces travaux, il suffira de dire qu'ils sont les mêmes que ceux des esclaves domestiques (1). Et comme le débiteur pourrait essayer de se soustraire à cette servitude, il sera de la part du maître l'objet d'une surveillance active, et exposé, suivant les inspirations de son indulgence ou de sa cruauté, à voir son sort momentanément adouci ou à subir les souffrances les plus diverses (2) (*captos et oppressos*).

Quand le *nexus* avait à obéir à un maître humain, il était exempt de chaînes et s'occupait à son travail sans liens qui gênassent sa liberté (3), partageant la nourriture grossière mais abondante des esclaves (4) ; telle était à vrai dire la situation que lui avait faite la loi du contrat : Tite-Live en donne des exemples (5). L'*addictus*, au contraire, voué à tous les maux, exposé à être vendu au delà du Tibre ou puni du dernier supplice (6), supporte les plus lourdes entraves et gît relégué dans une véritable prison ; la loi des Douze Tables croyait avoir assez fait pour lui de déterminer le poids de ses chaînes (7) et la quantité de nourriture (8) nécessaire à soutenir sa misérable existence. La raison d'une telle différence est facile à saisir (9). Qu'avait-on à reprocher au *nexus*,

(1) Au temps de Varron les obærati sont dans une condition qui approche de celle de l'esclave (*De re rusticâ*, I, 17). — De la Malle, *Economie politique des Romains*, t. I. — Columelle, I, 3, § 12, s'explique ainsi : « Latifundia (coluntur), *nexu* civium et ergastulis. »

(2) Tite-Live, II, 23. « ... Fremebant (nexi) se foris pro libertate et imperio dimicantes domi à civibus captos et oppressos esse. »

(3) Saumaise, *De modo usur.* pages 817 et 840. — Tite-Live, II, 23. « ... Nexi vincti *solutique* se undique in publicum proripiunt..... » — VII, 14. « extrà vincula capti. » Dig. (50, 16), loi XLVIII, Gaius, définit le mot *solutus*.

(4) Horace, lib. I, satire 5.

(5) Tite-Live, II, 23.

(6) Aulu-Gelle, *Nuits attiques*, XX, 1. « Verba legis dicam : ... tertiis nundinis partis secanto si plus minusve secuerint ne fraude esto. » — Quintilien, *Inst. orat.* III, 6. — Tertullien, *Apolog.* chap. IV.

(7) Aulu-Gelle, XX, 1. « ... Ni judicatum facit, aut quips endo em jure vindicit secum ducito ; vincito aut nervo aut compedibus, quindecim pondo ne majore aut si volet minore *vincito*..... » — Gaius, IV, § 21.

(8) Aulu-Gelle, XX, 1. « Qui em vinctum habebit, libras farris endo dies dato » si volet plus dato. Dig. (50, 16) *De verbor. signif.* loi CCXXXIV, § 2, fr. Gaius. »

(9) Heineccius dans ses *Antiquités romaines* a confondu l'*addictus* avec le

7

sinon une insolvabilité qu'il n'avait pas prévue ? En se mancipant à son créancier, il lui a conféré toutes les garanties
qu'il pouvait lui transmettre : sa personne, et par suite son
travail, sa famille, ses biens présents et futurs ; il y a donc
en sa faveur présomption de bonne foi. Sa condition s'en
trouve meilleure ; bien plus, en droit rigoureux, celui qui
lui fera subir à tort de mauvais traitements ne restera point
impuni (1). L'*addictus*, au contraire, ne payant pas et ne
présentant aucune garantie, il y avait contre lui présomption de mauvaise foi. Il avait toute facilité de sortir de sa
position en se liant par un *nexum* ; par ce moyen, il eût
offert au créancier ses travaux et la possibilité d'arriver à
ses biens, s'il en avait ; s'il ne le faisait pas il était inexcusable, et les Romains, qui attachaient un si grand prix à
l'observation de la foi jurée, frappaient cette mauvaise foi en
la personne de l'*addictus*, et les rigueurs étaient illimitées...
jusqu'à ce qu'on le dépouillât, au bout d'un certain temps de
captivité sans résultat, de tous les droits précieux du citoyen,
liberté, cité, famille ; la loi des Douze Tables ajoute : quelquefois de la vie.

Cette distinction si justement établie (2), combien de fois
l'avons-nous vue en fait effacée par d'impitoyables calculs ;
combien de fois, dans les tableaux que Tite-Live nous a
laissés des luttes des patriciens et des plébéiens, les *nexi*

---

nexus, III, tit. 29, § 2. — Denys après la retraite du Janicule nous parle de
trois classes de débiteurs : 1° les débiteurs purs et simples auxquels on remit
la dette ; 2° les autres auxquels on rendit la liberté (ce sont évidemment les
nexi); 3° d'autres enfin qui ne devinrent libres qu'après l'annulation de la sentence judiciaire (il désigne par là les *addicti*).

(1) Gaius, I, § 141. « In summa admonendi sumus, adversus eos quos in mancipio
habemus, nihil nobis contumeliosè facere licere ; alioquin injuriarum actione
tenebimur. »

(2) L'an 256 de Rome, d'après Varron, Tarquin avait réussi à se créer un
parti parmi les *nexi*. Voici comment s'exprime Denys (V, 53) : « Les pauvres
étaient mécontents car les usuriers *usaient immodérément* de leurs droits sur
la personne des débiteurs, et ils les mettaient en prison et les chargeaient de
chaînes comme ils eussent fait des esclaves achetés. »

n'apparaissent-ils pas livrés à la plus dure oppression dans la maison de leurs créanciers devenus leurs bourreaux, renfermés, chargés de chaînes (1) (*vinctum aut clausum*), frappés de coups, tourmentés par d'horribles tortures comme s'ils eussent été conduits dans des boucheries (2)? C'était un *nexus* que ce brave centurion qui, échappé à la contrainte de son créancier, montrait au peuple frémissant sur la place publique ses épaules déchirées par les coups de fouet, *undè ostentare tergum fœdum recentibus vestigiis verberum* (3). « A ce portrait, ne dirait-on pas d'un esclave acheté au marché avec le droit de correction exemplaire et jusqu'à extinction? Sans doute le droit de faire travailler les *nexi* entraînait jusqu'à un certain point celui de les châtier; mais, tandis que la loi, plus humaine, n'accordait sur l'homme qui avait tout donné que le droit de contrainte nécessaire pour la perception des travaux, en fait, les châtiments, si l'on en croit les plaintes des plébéiens, n'avaient pas de limites.

Le droit du maître sur le *nexus* allait-il jusqu'à pouvoir le vendre comme il aurait fait d'un esclave? Sans aucun doute il aurait pu louer à un tiers les services du *nexus* et en retirer le fruit. Quant au droit de vente, il semble, au premier abord, qu'il eût excédé les limites convenues, le débiteur n'entrant dans le domaine du créancier que sous la condition d'être affranchi par une *manumissio*, au cas où il rembourserait le capital de la dette, cause première de l'engagement; nous savons d'autre part que l'épouse, qui avait passé dans le domaine quiritaire de son mari, ne pouvait être vendue. Une telle vente exista à coup sûr à l'organisation primitive du *nexum*, où l'engagement étant plus rare,

(1) Tite-Live, II, 21. « Edixit ne quis civem romanum vinctum aut clausum teneret » — Justin, 21, 1 et 2 « .... *nexorum* tria millia è carcere dimittit. »
(2) Tite-Live, II, 23. « ..... ductum se à creditore non in servitium sed in ergastulum et carnificinam esse..... »
(3) Tite-Live, I, 23. Nous avons retracé cette anecdote dans la partie historique de ce travail.

l'engagé avait imaginé peu de restrictions à la puissance absolue du maître ; seulement il devait y avoir quelque chose
d'analogue à ce qui se passait pour la vente d'un *statu liber*,
tel que la loi des Douze Tables l'avait déterminé elle-
même (1). On appelait ainsi jusqu'à l'accomplissement de la
condition, l'esclave qui était par testament affranchi condi-
tionnellement. Au surplus, voici ce que dit Ulpien (2) : « Le
statu liber, jusqu'à l'avénement de la condition, est esclave
de l'héritier; l'héritier peut l'aliéner, mais alors *libertatis
conditionem secum trahit*. Ainsi, la liberté lui est promise
en ces termes : dès qu'il aura payé dix mille as à l'héritier
(qui est son maître jusqu'à l'accomplissement de la condition) ; si l'héritier l'aliène et le vend à un tiers, le *statu
liber* aura accompli sa condition et arrivera à la liberté en
comptant cette somme à l'acheteur. » De même le *nexus* devait sortir de la puissance du créancier, aux conditions
suivantes : dès qu'il lui aurait payé une somme déterminée;
si le maître le vend à un tiers, sa position ne change pas
ambulat cum conditione, et il aura accompli sa condition et
sera affranchi de toute puissance, dès qu'il aura soldé, entre
les mains du nouvel acheteur et maître, la somme fixée par
le contrat, ou dès que cet acheteur aura acquis par lui l'équivalent de cette somme. Néanmoins j'ai peine à croire , en
l'absence de textes précis, qu'une telle vente se soit maintenue dans la suite comme règle du contrat de nexion.

L'omnipotence du maître sur la personne du *nexus* n'ôte
pas à ce dernier sa qualité d'homme libre. S'il est privé en
fait de l'exercice de cette liberté et de ses prérogatives civiques, c'est comme conséquence de sa sujétion absolue dans
la maison du créancier, du travail forcé et du droit rigoureux de contrainte qui en est comme la sanction ; mais

(1) *Ex corp. Ulp.* tit. II, *De statu liberis.*
(2) *Ex corp. Ulp.* tit. II, § 2 et 3.

il conserve en principe tous ses droits de citoyen (1), aucune idée d'infamie ne s'attache à cette servitude de la dette. Il ne paraît pas même que sa condition nouvelle le dépouillât des qualités diverses qui constituaient l'ἐπιτιμία ; le discours du dictateur Valérius en fait foi (2). Cela est si vrai que si le maître consent pour un intérêt particulier ou dans un grand péril public à relâcher le lien qui asservit son débiteur, le *nexus* reparaît avec toute sa capacité, soit pour aller porter son vote dans les comices à la suite du maître (3), mêlé à la foule des clients, soit encore pour le service dans les armées (4) ; nous avons vu en effet dans les annales que ceux qui émigrèrent pour cause de dettes étaient dans la légion.

On se demande comment, d'après la législation de Servius, il pouvait y avoir dans la milice des hommes dont la liberté appartenait à leur créancier et qui, par conséquent, étaient plus pauvres qu'un prolétaire libre de dettes. Denys cherche à résoudre cette énigme en imaginant qu'ils servaient en qualité de frondeurs (5), en sorte que ceux qui avaient moins que rien se seraient trouvés, selon lui, dans la cinquième classe ; mais cette conjecture est inadmissible en présence des renseignements précis que les auteurs nous ont conservés sur l'organisation des centuries, et de ce fait non moins caractéristique, qu'il y avait des légions presque entièrement composées de *nexi* (6). Il suffit de dire, pour l'expliquer, que l'impôt ne se percevait pas sur la fortune nette et que les *nexi* se trouvaient être dans les classes et

---

(1) Tite-Live, II, 23 à 28. — Tite-Live, IV, 15.

(2) Denys, VI, 41. L'addictus au contraire devait perdre l'*existimatio* ; c'est cette distinction que Denys (VI, § 39) fait faire à Appius Claudius : le nexus est πρόσθετος et l'addictus ἄτιμος.

(3) Voir le discours de Manlius, Tite-Live, IV, 15.

(4) Tite-Live, II, 24.

(5) Denys, V, 67.

(6) Les *addicti* sont appelés aux armes dans la deuxième guerre Punique après la bataille de Cannes. Tite-Live, XXIII, 14.

servir dans la légion par ce fait seul que les dettes n'étaient pas défalquées ; ainsi la liquidation des dettes de l'année 403 produisit la nécessité d'un cens nouveau, parce que la compensation de la propriété avec les créances avait fait changer de maître à beaucoup de choses (1).

Au reste, la guerre ne profitait qu'aux patriciens (2) ; ils avaient tout intérêt à la soutenir en faisant enrôler leurs *nexi* ; aussi avons-nous vu les débiteurs voler à la défense de Rome et se plaindre à leur retour, après avoir vaillamment exposé leur vie pour le salut et la suprématie de la république, de ne trouver au-dedans qu'oppression et captivité (3); c'est à quoi faisait encore allusion la multitude ameutée contre Appius, lorsqu'elle s'écriait: C'est la liberté qu'il nous faut rendre avant de nous donner des armes ; ce n'est pas pour des maîtres que nous voulons combattre, mais bien pour la patrie et pour nos concitoyens (4). Le service dans la légion ne réussissait, en réalité, qu'à retarder le moment effectif de leur libération et à consumer dans les fatigues des camps un temps précieux qui eût servi au rachat de leur servitude; aussi les vit-on souvent préférer, dans la maison du créancier, une captivité fructueuse pour leur future liberté, à une émancipation provisoire, onéreuse pour l'avenir. Quand ils en arrivaient-là, c'était alors le temps des promesses aussitôt faites que violées : c'est ainsi que nous avons vu Servilius garantir par son édit que les biens des soldats *nexi* ne seraient ni possédés, ni vendus par les créanciers tant que durerait leur service contre les Volsques; et ils firent preuve de leur connaissance des lois , les anna-

(1) Tite-Live, VII, 12. — Niebuhr. t. II, p. 380 et s.
(2) Tite-Live, II, 24. «....Penès quos præmia essent.»
(3) Tite-Live, II, 23. « Fremebant se foris pro libertate et imperio dimicantes domi à civibus captos et oppressos esse.» — Tite-Live, II, 27 «.... Deinceps et qui ante nexi fuerant, creditoribus tradebantur et nectebantur alii. »
(4) Tite-Live, II, 28.« Libertatem unicuique priùs reddendam esse quàm arma danda, ut pro patriâ civibusque non pro dominis pugnent. »

listes qui faisaient raconter au peuple, par un vieux soldat, que l'usurier l'avait emmené en esclavage lui et ses deux fils, et qui représentaient l'édit du même Servilius comme ayant défendu au créancier du débiteur qui voulait servir, de retenir ses enfants et ses petits-enfants (1).

C'est en effet une suite du contrat de nexion, que le *nexus* entre dans le *mancipium* du créancier; et comme, d'après la constitution de la famille romaine, toute modification éprouvée dans la personne du chef s'étend à ceux qui sont sous sa puissance, toute sa *famille* (2), ainsi que dans le cas d'*adrogatio*, passe avec lui dans sa nouvelle condition. De tels exemples conservés dans les textes ne doivent point nous surprendre ; le criminel public n'était-il pas vendu avec toute sa famille au profit de Cérès (3)? Il est à remarquer toutefois que cette extension de l'obligation du père aux enfants en puissance (4) dut être la cause de nombreuses émancipations (5).

Des auteurs graves ont contesté ce résultat: comment supposer que le *nexus* entraînât avec lui dans le *mancipium* du créancier ses biens et sa famille, lorsque nous voyons au contraire qu'un père pouvait rester libre, ainsi que les autres personnes soumises à sa puissance, en offrant seulement un de ses enfants comme garantie du paiement de sa dette? C'est ainsi que Tite-Live (6) nous donne l'exemple

(1) Denys, IV, 29.... μήτε γένος αὐτῶν ἀπάγειν — Tite-Live, II, 24 σ..... ne quis.... liberos nepotesque ejus moraretur.....»

(2) Ce qui comprend entre autres : ses enfants, sa femme si elle est *in manu mariti*, ses esclaves, et les hommes libres qui sont sous son *mancipium*. — Zimmern, t. III, § 45 et suiv.

(3) « Ipse familiaque ad ædem Cereris veneat. »

(4) Voy. les passages cités : Denys, IV, 29. — Tite-Live, II, 23. — Tite-Live, VIII, 28..... « Tum suæ conditionis *liberumque* suorum respectu, in forum concurrit..» Le jeune Publilius, cause de la sédition, était *nexus*, dit l'annaliste *ob æs alienum*. — Le fils pouvait également être obligé aux dettes de son père comme héritier nécessaire ; le *jus abstinendi*, introduit par les préteurs, a une origine postérieure.

(5) Niebuhr, *Hist. rom.* t. III, page 381. — Bien entendu cette émancipation n'aurait pu être qu'antérieure au *nexum*.

(6) Tite-Live, II, 23, 27.

d'un homme qui, à défaut de paiement au jour de l'échéance, si le créancier y consentait, livrait à sa place une autre personne de sa famille. En présence de la nature même du *mancipium* et des principes constitutifs de la famille romaine affirmés par tous les anciens jurisconsultes, ceci n'est à tout prendre qu'une objection de détail. Qu'on ne dise pas que s'il s'était agi d'une diminution de gage plutôt que d'un remplacement, le créancier aurait inévitablement refusé; pour raisonner ainsi, il faudrait avoir perdu de vue ce que nous dit formellement Tite-Live, à savoir que rien de semblable ne peut avoir lieu que du consentement du créancier; ce n'est donc pas un droit que le père exerce en faisant accepter son fils, c'est une faveur dont le créancier lui permet d'user dans de telles limites. Plusieurs hypothèses sont possibles, nous nous bornerons à la suivante : un homme a emprunté purement et simplement une somme d'argent; le jour de l'échéance arrive; dans l'impossibilité de payer, il veut éviter à tout prix les rigueurs de l'*addictio* ; sans doute, d'après les usages si rigoureux en matière de dette, cette sorte de pourparlers sera rare entre créancier et débiteur; néanmoins il peut se faire que la dette soit modique ou que le débiteur présente des garanties de solvabilité, peut-être ne demande-t-il qu'un délai pour vendre une partie de ses biens ou rentrer en possession d'une créance; au lieu de se lier corporellement par un *nexum*, il va trouver son créancier et le prie d'accepter momentanément son fils en gage (1); le créancier, condition essentielle, veut bien y consentir et s'en contente provisoirement; mais il ne renonce pas toujours

---

(1) Chauffour, *Du droit de gage chez les Romains*, d'après Bachofen, page 356, t. XXXIII, (Revue de législation). A Rome le père avait sur ses enfants le droit de vie et de mort. « ..... cum patri lex Regia dederit (in filios) vitæ necisque potestatem. *Coll. leg. mos. et rom.* t. IV, § 8. — *Acad. des sc. mor. et polit*, t. III, page 239 —Il avait aussi le droit de les mettre en gage, et bien que Paul (*Sent. Receptæ V*, 1, § 1,) constate que ce droit n'existe plus de son temps, l'usage contraire avait tellement prévalu que Dioclétien (IV, 43 loi I), et Justinien (*Nov.* CXXXIV c. 7), sont encore obligés de le défendre.

pour cela à exercer, à l'occasion, des poursuites qui pourront de nouveau faire craindre au débiteur les résultats
d'une *addictio* et l'engager à en éviter les conséquences extrèmes en se liant par un *nexum*.

De ce que le *nexus* était donné en *mancipium*, il résulte
qu'il subissait une *deminutio capitis*; là s'applique la définition de Festus (1) : *Deminutus capite appellatur... qui liber
alteri* MANCIPIO *datus est.*

Lorsqu'un citoyen subit une diminution de tête de celle
que les jurisconsultes appellent *minima* (2), il se passe, dans
le pur droit civil des Romains, par suite de la constitution
si énergique qu'avait chez eux la famille, un phénomène ju-
ridique des plus singuliers ; conservant sa qualité d'homme
libre et sa personne de citoyen, il éprouve dans sa personne
du droit civil une transformation profonde (3). La personne
du droit privé qu'il avait eue jusque-là, dit Ulpien, s'éteint
pour faire place à une autre : *Privata hominis et familiæ
ejus jura non civitatis amittit* ; les droits d'agnation (4), de
gentilité (5), les droits exclusivement attachés à la personne,
tels que ceux d'usufruit prennent fin, ses dettes s'éteignent
sans être recueillies par qui que ce soit, les créanciers frus-
trés n'ont plus de débiteurs ; mais comme la personne naturelle subsiste, la cognation subsiste aussi, et les obligations
détruites comme obligations civiles restent comme obligations naturelles (6) ; tel est le droit rigoureux. Plus tard le
préteur vint, par des remèdes prétoriens, au secours des débiteurs contre cette iniquité du droit (7); plus tard encore fut

(1) Festus, V° *Deminutus.* — Zimmern, III, 124 et suiv. 128 et suiv.
(2) Gaius, I, 162. « ..... adeò quidem ut quotiens quisque mancipetur ac
manumittatur, totiens capite diminuatur »
(3) Gaius, III, § 51, 83, 84, etc.
(4) Gaius, I, 163.
(5) Cicéron, *Top.* 6, dans sa définition des Gentils s'exprime ainsi : « ..... qui
capite non sunt deminuti. »
(6) Dig. (4.5) *De cap. minut.* loi II, § 2, fr. Ulp.« ...Manent obligati naturaliter.»
(7) *Instit.* de Just. III, tit. 10, § 3.

établie une action rescisoire (*rescisâ capitis deminutione*), dans la forme de celles qu'on appelait fictices, c'est-à-dire qui étaient construites sur l'hypothèse de ce qu'il y aurait à faire si cette *minima capitis deminutio* n'avait pas eu lieu, et cela par une sorte de restitution qui n'avait besoin d'être appuyée sur aucun autre motif que celui du changement d'état; mais le droit primitif reste en dehors de ces perfectionnements; il a ses principes, et il les suit avec logique jusque dans leurs plus sévères déductions; aussi bien avons-nous vu le *nexus* d'homme *sui juris* tomber en puissance, et, dans une position intermédiaire entre l'esclave et le fils de famille, entrer, lui, sa femme, si elle est *in manu mariti*, ses enfants, ses esclaves, dans le *mancipium* du créancier.

Une conséquence non moins rigoureuse de la *capitis deminutio* c'est que les biens qui étaient la propriété du *nexus*, passent au maître qui les possédera et aura droit de les vendre (1). C'est là, à coup sûr, un des principaux avantages du *nexum*, de permettre au créancier d'arriver aux biens présents et futurs du *nexus* alors qu'il n'aurait pu les atteindre principalement. Les anciens ne connaissaient point l'expropriation forcée (2). Le créancier pur et simple n'avait pour l'acquit de sa créance, de droit que sur la personne même du débiteur et aucun sur ses biens qui pouvaient être soustraits au gré de ce dernier; le droit de propriété, était considéré à Rome comme un accessoire, une dépendance de l'état personnel et civil, il en suivait les conditions, et ne pouvait périr par la puissance de la dette qu'autant que

---

(1) Gaius, II, 86 — C'est ainsi que nous avons vu l'édit de Servilius pour apaiser les nexi et les faire enrôler dans la légion, ordonner une suspension générale des effets du contrat de nexion, et garantir que les biens des soldats *nexi* ne seraient ni possédés ni vendus par les créanciers tant que durerait leur service contre les Volsques. Tite-Live, II, 23. — Denys, *loc. cit.*

Nous verrons que les biens de l'obnoxié passaient aussi en la possession du créancier.

(2) Tertullien, *Apolog.* chap. IV.

l'état civil du débiteur avait péri lui-même et que sa personne était tombée dans l'esclavage du créancier.

Maintenant si le *nexus* acquérait quelque chose, il acquérait pour son maître. C'était là une application de la loi générale rappelée par Ulpien (1) : Nous acquérons par les personnes qui se trouvent sous notre puissance (*in potestate*) et sous notre *mancipium* (*manu mancipiove*) ; d'où il suit que si elles acquièrent par mancipation, tradition, stipulation, legs ou succession, le bénéfice de ces acquisitions nous revient et nous appartient exclusivement.

Toutes les déchéances résultant d'un tel état étaient encourues sans délai ; elles étaient le résultat de la mancipation, et il n'y avait pas à Rome de mancipation sous condition suspensive. Mais ce n'est pas à dire qu'elles fussent irrémissibles ; nous avons eu déjà l'occasion de dire que le domaine quiritaire du créancier n'acquérait le débiteur que sous une condition résolutoire innée ; aussi le changement d'état du *nexus* devait être temporaire, et sa durée était subordonnée à une condition : celle du payement (2) ; tel était l'objet de la stipulation solennelle qui intervenait entre les deux parties au moment de la mancipation, et par laquelle le créancier s'obligeait à libérer le *nexus*, après le payement intégral des deniers ; sorte de pacte de fiducie qui, d'après la législation décemvirale devait faire loi entre les parties (3). La résolution

---

(1) *Ex corp. Ulp.*, t. XIX, § 18. « Adquiritur autem nobis etiam per eas perso-
« nas quas in potestate manu *mancipiove* habemus ; itaque si quid mancipio
« (putà) acceperint aut traditum sit vel stipulati fuerint ad nos pertinet.
§ 19. « Item si heredes instituti sunt, legatumve eis fit, et hereditatem jussu
« nostro adeuntes nobis adquiruut et legatum ad nos pertinet. »

(2) Varron, *De ling. lat.* VII, 5..... Dum solveret ...

(3) Festus, V° *nuncupata.*« Quom nexum faciet mancipiumve uti linguâ nuncupassit ita jus esto.» — Varron, *De ling. lat.* V, 9.— Cicéron, *De officiis,* III, 16.
—Les témoins seront là pour rappeler au besoin les paroles prononcées. Ils pourront être condamnés au cas de refus. — Toutes les conventions (licites, bien entendu) comprises dans la *nuncupatio* doivent être faites avant la conclusion du *gestum per œs et libram.* Le droit romain postérieur n'autorisa d'autres *pacta adjecta* dans les *bonæ fidei contractus* que ceux ajoutés *in continenti.*

rétroactive de la mancipation allait remettre toutes choses au précédent état, et faire revivre par une sorte de *postliminium* tous les droits que le *nexus* avait momentanément perdus.

Il semblerait au premier abord qu'il y eût là une condition apposée dans le *nexum*, ce qui paraîtrait en opposition avec les principes du droit romain qui n'admettait pas dans les actes légitimes la stipulation d'un terme ou d'une condition (1) ; mais nous savons, d'une part, que si ces principes n'admettent pas la stipulation expresse d'une condition, ils tolèrent une condition tacite; Papinien nous en donne la preuve alors qu'il déclare (2) que quelquefois les actes légitimes reçoivent tacitement des conditions qui, si elles étaient expresses, les entacheraient d'un vice radical. D'autre part, en ce qui concerne la mancipation, il est certain qu'elle était résoluble dans une foule de cas par suite des conventions qui avaient présidé à sa naissance ; le gage dans les temps primitifs ne se contractait pas autrement que par la mancipation de la chose, c'est-à-dire par le transport de la propriété au créancier accompagné d'un contrat de fiducie (3), d'une

(1) Dig. (50.17) *De reg. juris*, loi LXXVII, fr. Papinien. — Cujas , sur cette loi, lib. 28. *Quæst. Papin.* — *Frag. Vatic.* § 329.

(2) Même loi.

(3) La première trace du *pignus* dans la sphère du droit privé remonte à l'an de Rome 261; la *fiducie* est à coup sûr plus ancienne et fut la première forme du gage. En effet, dans le premier c'est la possession qui est engagée, dans l'autre, c'est la propriété elle-même; or la constitution en gage de la propriété elle-même est la forme la plus simple en même temps que la plus onéreuse pour le débiteur ; ce qui explique à la fois pourquoi elle a dû se pratiquer en premier lieu et pourquoi l'on est arrivé à s'en détacher. De plus la *fiducie* se constitue par un acte solennel du droit civil tel que la mancipation, le *pignus* par la remise de la chose, la tradition (*re*), ce qui est une forme du droit des gens ; or il est généralement admis que les formes de droit des gens ne furent pas reconnues tout d'abord comme suffisantes pour créer un lien civil. Enfin le *pignus* suppose l'existence d'un droit de possession détaché du droit de propriété, et protégé par des act'ons spéciales, et il est très-probable qu'à l'origine la possession resta confondue avec la propriété, comme il est hors de contestation que les interdits possessoires sont d'une époque postérieure. Chauff. *d. de g. chez les R.*

Cela dit, à prendre la *fiducie* dans ses termes les plus généraux, c'est une vente à réméré. Par la *mancipatio* le débiteur transférait au créancier la propriété de la chose qui devait servir de sûreté à la créance, et à cette vente

promesse par laquelle ce même créancier s'engageait à rendre au débiteur la propriété, sitôt qu'il serait désintéressé (1) et même tout ce qu'il aurait ainsi acquis au delà de sa créance; le débiteur avait une action contre lui pour obtenir cette restitution (2). C'est ce que Boëce (3), sur les Topiques de Ciceron, appelle *mancipatio fiduciaria*. Nous voyons aussi dans Gaïus (4), le père, vendre son fils par une mancipation avec condition de le lui rémanciper (5), c'était même sur ce principe que se fondait tout le système des émancipations.

Ceci nous amène naturellement à la dissolution du *nexum*. Le débiteur, comme nous l'avons vu, n'était soumis au *mancipium* que jusqu'au payement; dès qu'il aura satisfait le créancier d'une manière quelconque, ce dernier, d'après la nature du contrat et les conventions intervenues lors de la mancipation sera tenu de l'affranchir; alors il sortira avec tous les siens de l'état de servitude dans lequel il se trouvait, et rentrera en possession de ses droits de famille; rien ne gênera plus l'exercice de sa liberté et des prérogatives du citoyen. Diverses hypothèses sont possibles:

dont la somme prêtée était en quelque sorte le prix, (*Frag. Vatic.* § 9) se joignait la clause que le créancier devenu propriétaire rémanciperait la chose au débiteur, dans le cas où il serait désintéressé de sa créance ; c'est cette clause de rémancipation usitée d'ailleurs dans d'autres applications qui s'appelle proprement *fiducia* (Paul, *Sent.* II, 13, § 2). De cet acte résultait pour le créancier un droit absolu sur la chose, il était propriétaire. Mais ce qu'il y avait de particulier c'est que ce droit du créancier propriétaire pouvait être rendu inefficace par l'acte du débiteur au moyen du rachat de la chose, c'est-à-dire du paiement de la créance, et le nom de l'institution fut tiré de la faculté réservée au débiteur ou mieux de la clause même qui faisait cette réserve. Ce paiement toutefois ne suffisait pas pour rendre la propriété au débiteur, il fallait que le créancier lui rémancipât sa chose, sinon même après le paiement effectué, le débiteur, soit qu'il en eût acquis la possession, soit que le créancier lui en eût fait seulement la tradition, ne pouvait en recouvrer la propriété que par une sorte de prescription particulière appelée *usureceptio* (Gaius, II, § 59, 60.)

(1) Varron, *De ling. lat.* VII, 105. — Isidore, V, 25. — Schilling. *Du droit de gage chez les Rom.* (trad. Pellat), § 209. — Troplong, *Cont. p. c.* XXXVI. — Ortolan, *Expl. hist. des Instit.* nº 1117.

(2) Paul. *Sent.* II, tit. 13, § 2.

(3) Boëce, sur les *Topiques* de Cicéron. IV, cité ci-dessous.

(4) Gaius, I, § 40.

(5) Troplong, p. XXXVI.

Le *nexus* aura réalisé une somme d'argent équivalente au montant de la dette et la versera dans les mains du créancier.

Un tiers se chargera de la dette et payera la somme due. Ce seront parfois des patriciens avides de popularité qui interviendront eux-mêmes auprès du créancier, publiquement, avec ostentation, tel Manlius est rapporté par Tite-Live (1), payant les dettes de quatre cents débiteurs et empêchant par là que leurs personnes ne fussent engagées et leurs biens vendus ; parfois aussi des amis, des proches, des protecteurs compatissants, qui rendront au *nexus* le bon office du *vindex* à l'égard de l'*addictus* (2). Souvent aussi cette intervention n'aura d'autre effet que de donner un nouveau maître au *nexus*, par une sorte de novation dont nous avons déjà indiqué la nature et les effets.

La somme due sera produite par l'évaluation additionnée, d'après des bases déterminées, des travaux d'esclaves, déduction faite de certains frais et de certaines retenues. A la servitude du *nexus* a pu se joindre ce caractère particulier d'une affectation du travail manuel à l'extinction de la dette ; alors la servitude cessera lorsque le salaire accumulé des journées de travail constituera un chiffre égal (3). Une pareille clause trouvait naturellement sa place dans la *nuncupatio*, à côté des paroles prononcées qui établissaient devant les témoins certains règlements particuliers du contrat (4).

(1) Tite-Live, VI, 20. — VI, 14.

(2) Sénèque, *De beneficiis*, III, 8. — Aulu-Gelle, *Nuits att.* XX, 10.

(3) Nous avons vu chez les Hébreux la servitude de la dette revêtir le caractère d'une compensation par le travail, et le créancier traiter le débiteur comme une force productive qu'il exploitait à son profit (chap. III). — D'après la loi des Visigoths, V, tit. 4, § 10, on imputait sur la valeur de la dette, jour par jour, les services de l'obnoxié.

(4) La *nuncupatio* ou *lex mancipii* ou νόμος, avait des limites précises, (*Frag Vatic.* 54.) Elle fait loi entre les parties. « ... Ita uti nominârit locutusve erit ita jus esto, » dit Varron, après avoir cité textuellement les paroles des Douze Tables (*Deling. lat.* VI, 60). Elle réglait accessoirement, sans doute sous cette forme interrogative qui formera plus tard la stipulation, certains points de détail. — Cette expression, qui revient constamment dans les récits de Denys, πίστις ἐπὶ συναλλαγαῖς, qui correspond à la *fides* d'Aulu-Gelle et de Tite-Live, s'applique d'une façon toute spéciale aux conditions de la *nuncupatio*.

Mais il ne faut pas perdre de vue que la dation des *operœ*
elles-mêmes est une suite naturelle du *mancipium*, et qu'elles
deviennent par le fait une indemnité pour le non-remboursement ; enfin que le *nexus* n'est point simplement l'homme
qui borne tout l'engagement à ses services, et l'objet de ses
services au rachat successif de la dette par un travail corporel : aussi bien les annalistes nous présentent les maîtres
comme ayant moins en vue la valeur vénale des travaux
qu'une pleine servitude pour dettes.

Les conséquences du *nexum* auront procuré au créancier
des acquisitions équivalentes, ou enfin ces différents moyens
réunis auront concouru dans de certaines limites à la libération. Voici quelques-uns des principes généraux qui do-
minent la matière : Tout ce que le créancier aura acquis
par le *nexus* diminue le capital de la dette, c'est ce que dit
Paul en parlant de l'esclave fiduciaire (1) ; maintenant dès
que le résultat de ces acquisitions sera égal à la somme
dont le corps du *nexus* était le payement provisoire (*eum
pro pecuniâ habet*), (2), ainsi que cela avait lieu lorsqu'il
s'agissait d'un homme libre abandonné *noxaliter*, le créancier sera forcé de l'affranchir (3) ; et même si ces acquisitions s'élèvent à un chiffre supérieur, le débiteur aura plus
tard contre lui une action pour répéter ce qui dépasse le
montant de la dette (4).

Pour que la libération du *nexus* s'opérât, il ne suffisait pas
que le créancier le mit de fait en liberté sans aucune solennité ; cela aurait suffi pour le cas où l'homme du texte de

---

(1) Paul. *Sent.* II, tit. 13, § 2 : « ... Quidquid creditor per fiduciarium servum
quæsivit sortem debiti minuit. »

(2) Gaius, I, § 140.

(3) *Collat. leg. mos. et rom.* t. 2, n° 3. « Per hominem liberum noxæ deditum,
si tantum adquisitum sit quantum damni dedit, manumittere cogendus est à
prætore... » — Jusqu'à la loi Pœtelia les *noxœ dediti* et les *nexi* étaient soumis
au même régime. (Tite-Live, VIII, 28. — Zimmern. I, § 45.)

(4) Paul. *Sent.* II, tit. 13, § 1. « ... Debitor, distractis fiduciis, à creditore de
superfluo adversùs eum habet actionem. »

Paul loue ses services à un autre, hypothèse dans laquelle le débiteur n'est point devenu *alieni juris*, ni tombé dans le *mancipium* du créancier; mais ici une solennité a accompagné l'engagement du *nexus*, la cérémonie *per æs et libram*, en un mot il a été mancipé au créancier; or c'est un principe dont nous trouvons l'application dans de nombreux textes du droit romain (1) que « *nihil tam naturale est, quam eo genere quidquid dissolvere quo colligatum est* (2); la dissolution s'opérera de la même manière par une manumission (3) ou rémancipation qui n'est autre qu'un affranchissement, suite de la fiducie originaire. C'est ainsi qu'Ælius Gallus, après avoir défini le *nexum : quodcumque per æs et libram geritur*, ajoute : *in quo genere sunt... nexi datio, nexi liberatio* (4). Ce mode de libération nous est encore affirmé par un texte de Tite-Live, qui représente un débiteur chargé de fers et libéré *per æs et libram* (5).

Lors de la dissolution du contrat de *nexion* par le paiement de la dette, Tite-Live dit du débiteur qu'il est *dissolutus, liberatus* (6); c'est sans doute en considérant ce retour probable à la possession de soi-même que Varron a pu dire que l'expression *nexum* venait de la contraction de ces mots : *nec quod suum fit* (7). Au reste il ne faut pas vouloir trouver dans ces paroles autre chose qu'un jeu de mots dans le goût de l'époque, qui devient intelligible en ce sens que le *nexus* n'était pas entre les mains du maître une propriété

---

(1) Gaius, I, § 132 et 137. — *Ex corp. Ulp.* X, 1. — Paul. *Sent.* II, 25, § 2. — Tite-Live, VIII, 28.

(2) Dig. (50, 17) *De Regulis juris*, loi xxxv, fr. Ulpien.

(3) *Coll. leg. mos. et rom.* t. 2, n° 3. « .... manumittere *cogendus est* à prætore.

(4) Festus V° *Nexum*. — D'autres leçons donnent : « ... *nexi dando, nexi liberando.* »

(5) Tite-Live, VI, 14. — « .... Inde rem creditori palàm populo solvit, *libraque et ære liberatum* emittit. » Plusieurs auteurs pensent que Tite-Live, dans ce passage a en vue un *addictus*.

(6) Tite-Live, VIII, 28. — VI, 14.

(7) Varron, *De ling. lat.* VIII, 105. « .... nec quod suum fit indè nexum dictum.... »

incommutable ; il aurait fallu qu'il fût un véritable esclave pour que le créancier eût sur lui ce droit absolu qui caractérise le plein domaine quiritaire de l'homme sur la chose, et nous savons que c'était un homme libre engagé en servitude (*servi loco*), par un contrat résoluble.

Enfin comme le *nexus* ne perd point son ingénuité, la manumission n'en fera pas à proprement parler un affranchi, mais bien un *quasi libertus ;* elle conservera au créancier, selon le principe général (1), le titre de *quasi-patron* (2), et laissera subsister entre eux des droits et des devoirs réciproques. Le débiteur *dissolutus* redevenu *sui juris*, rentre en possession de lui-même ; ses enfants, et sa femme si elle était *in manu*, qui, jusque-là, ont dû suivre la condition déchue de leur père, reviennent sous sa puissance ; le *nexum* est effacé dans ses conséquences ; dans le passé tout est mis à néant.

Revenons maintenant sur quelques conséquences des principes que nous avons posés. D'abord le créancier ayant transféré au débiteur *nexus*, comme prix de son corps qui lui était mancipé, la propriété des deniers prêtés, n'a d'action que pour revendiquer l'objet de la vente, c'est-à-dire le *nexus*, mais non pas le prix de ladite vente, lequel est devenu la chose de ce dernier, et comme il a cet objet qui n'est autre que le corps du débiteur, en sa propriété et possession, il ne peut rien réclamer; il ne pourra donc pas actionner son *nexus* devant le magistrat et , par suite, en faire un *addictus*.

Lorsqu'en vertu des conventions réciproques du contrat, le *nexus* entrait dans la maison de la personne à laquelle il s'était mancipé, la loi ne pouvait accorder à cette dernière le droit de sévir au delà des rigueurs nécessaires pour la

(1) Gaius, I, § 166. — *Ex corp. Ulp.* XI, 5.
(2) Zimmern, III, 124 et suiv. 128 et suiv. — Bonjean, § 161.

perception des travaux, et si elle était autorisée à quelques violences, c'est parce que sans cela il lui eût été matériellement impossible de jouir du droit conféré par mancipation ; le *nexus* avait donné à son créancier toutes les garanties dont il pouvait disposer, il n'y avait donc rien à lui reprocher. Lorsqu'au contraire un débiteur n'avait pris d'autre engagement que le remboursement au terme convenu, sans se soumettre à d'autres obligations, le créancier n'ayant droit qu'au paiement d'une somme d'argent et n'étant à même de se désintéresser sur aucun gage, ne pouvait obtenir du magistrat rien autre chose, sinon la faculté de contraindre ce débiteur à payer cette somme d'argent ; or, pour l'y forcer, il usait parfois de grandes rigueurs ; l'*addictio* compensait la faiblesse du droit par l'absolutisme de ses pouvoirs, en permettant d'employer la torture pour forcer le débiteur à se procurer de l'argent. Du reste, pourquoi ne payait-il pas, ou s'il ne pouvait payer pourquoi refusait-il de se lier au créancier par le *nexum* ? C'était là contre lui une présomption de mauvaise foi ; c'est cette mauvaise foi que la loi frappait dans la personne de *l'addictus* en lui ôtant, au bout d'un certain temps de captivité sans résultat, son honneur, son *caput*, ses biens, sa liberté, quelquefois même sa vie.

Mais disons-le bien vite, elle ne sévissait qu'en dernier recours, lorsque la mauvaise foi était flagrante, c'est-à-dire lorsque le débiteur refusait de se lier par le *nexum*. Car : ou il ne pouvait pas payer, ou il était solvable ; et dans ces deux hypothèses, il était également inexcusable, ou de refuser le dernier moyen qui lui restât pour faire profiter le créancier de ses travaux et de ses acquisitions futures, ou de vouloir effectivement frustrer ce même créancier ; la loi frappait alors, et la loi avait raison ; encore avait-elle su graduer ses rigueurs, et le débiteur, durant tout le cours de la procédure, conservait le droit d'échapper à l'*addictio* en traitant avec le créancier. C'est ce qu'il nous sera aisé de voir, en précisant rapidement les points généraux de cette procédure.

Celui qui a emprunté purement et simplement une somme d'argent, et qui ensuite se trouve dans l'impossibilité de la rendre au moment de l'échéance, est appelé devant le magistrat et condamné à payer dans un délai de trente jours. (1) Avant l'expropriation de soi-même au profit du créancier, il peut vendre ses biens s'il en a, fournir un *vindex* qui fera l'affaire sienne vis-à-vis du créancier (2), ou se manciper par le *nexum* pour témoigner de sa bonne foi et vouer son travail et ses acquisitions éventuelles à ce qu'il doit en toute justice. S'il prend ce dernier parti, le créancier originaire devient un acheteur *corporis debitoris* ; que peut-il demander ? L'objet seul de la vente : or, ayant le corps en sa possession, il ne peut rien réclamer ; ainsi est arrêtée, avons-nous dit, la procédure de l'*addictio ;* le créancier, de son côté, saisissait avidement l'occasion qui lui était présentée d'arriver aux biens présents et futurs du débiteur ou au profit de ses travaux. A ce moment de la procédure, si le débiteur n'a pas voulu s'engager par le *nexum,* il est attribué par le magistrat au créancier qui manifeste de suite par une appréhension corporelle son droit de propriété, l'emmène et le charge de chaînes. Avant de tracer les règles de cette captivité qui va durer soixante jours, la loi revient encore sur cette idée de prendre des arrangements avec le créancier comme pour constater, une fois de plus, le mauvais vouloir du débiteur qui refuse à son créancier la seule satisfaction qu'il puisse lui donner : *Ni cum eo pacit sexaginta dies endo vinculis retineto* (3), dit la loi des Douze Tables dans son impératif langage ; or, quel pouvait être cet arrangement ? Évidem-

---

(1) Aulu-Gelle, *Nuits att.* XV, 13, — Gaius, III, § 78.
(2) Sénèque, *De benefic.* III, 8. — Gaius, IV, 21. — Aulu-Gelle, *Nuits att,* XX, 10. — Festus, Vᵒ *vindex.*
(3) Aulu-Gelle, *Nuits att.* XX, 10. — Id. XX, 1.

ment une transaction par laquelle l'*addictus* consentait à devenir *nexus* en se mancipant à son créancier.

On a voulu nier les dures sévérités de la loi des Douze Tables, mais cette possibilité de transiger ne suffit-elle pas pour les justifier? Lorsqu'elle prononce la peine de mort (1) contre l'*addictus* qui n'aura pas modifié sa situation dans l'espace et jusqu'à l'expiration des soixante jours (pendant lesquels, du reste, elle ordonne la présentation du débiteur sur le marché public, pour tâcher d'intéresser quelqu'un à son sort), elle ne punit qu'un débiteur coupable de la plus insigne mauvaise foi. C'est pour cela qu'Aulu-Gelle, après avoir affirmé l'existence de ces sanglantes prescriptions, n'hésite pas à dire qu'elles n'eurent jamais qu'un effet comminatoire; l'histoire ne mentionne pas un seul cas où leur application ait été consommée (2).

Cette redoutable alternative eut donc tout l'effet qu'on en devait attendre : les débiteurs les plus récalcitrants n'hésitèrent pas à sacrifier volontairement une liberté qu'après de longues souffrances on leur aurait enlevée de force. Quant aux créanciers, aussi soigneux de leurs haines que de leurs intérêts, mais plus avides de profits que de cruautés stériles, ils se seraient bien gardés de refuser leur consentement à la transaction encouragée par la loi, à l'engagement par le *nexum*, qui seul leur procurait des sûretés réelles, avec la possibilité de reporter sur la fortune présente et sur les

---

(1) Quintilien, *De orat.* III, 6. « ... Ut in Duodecim Tabulis debitoris corpus inter creditores dividi licuit... » — Tertullien, *Apolog.* chap. IV. « ... Sed et judicatos in partes secari à creditoribus, leges erant... — Aulu-Gelle, *Nuits att.* XX, 1. « ... Tertiis nundinis partis secanto, si plus minùsve secuerint se (*sine*) fraude esto. »

— *Contra :* Anne Robert rerum judicatarum (Lyon, 1620). — Hérault, dans sa discussion contre Saumaise. — Bynckershoeck, *Observat.* lib. I, c. I. — Berriat Saint-Prix, *Mémoires de l'Académie des sciences morales et politiques*, t. V, p 584 et suiv. — Vergé, *Comptes rendus de l'Académie*, 1843, t. I, p. 239, 463. — 1844, t. I, p. 463.

(2) Aulu-Gelle, *Nuits att.* XX, 1. « ... eo consilio tanta immanitas pœnæ denuntiata est, ne ad eam unquam perveniretur... dissectum esse antiquitùs, neminem equidem neque legi, neque audivi: quoniam *sævitia ista pœnæ contemni non quita est.* »

biens à venir, l'engagement de la personne; tandis qu'une *addictio* les eût laissés sans satisfaction efficace pour leurs intérêts privés (1), et ne leur eût offert, jusque dans ses suites les plus extrèmes, que la perte irrémissible de leur créance et de leur débiteur.

(1) Le *Ducere debitorem jussu prætoris* ne réduit point les *addicti* à la condition des esclaves; Gaius, III, p. 199, parle du *judicatus* comme d'un homme libre et la loi des XII Tables dit, elle-même, que l'état de servitude définitive ne résultera que de la vente du débiteur au delà du Tibre. (Voy. les différences entre l'addictus et le servus : Quintilien, *Inst. Orat.* VII, 3).

Ils ne sont pas davantage dans le *mancipium* du créancier. Si l'addiction avait produit un semblable résultat, elle aurait emporté une *minima capitis deminutio*. La fortune entière de l'addictus, quelle que fût sa masse, aurait passé sans retard en la propriété du maître. Tout ce que le débiteur aurait pû acquérir par la suite serait devenu également la propriété de ce maître (Gaius, I, § 162). Or, nous savons qu'il n'en était rien; d'après la loi des XII Tables, l'*addictus* pouvait vivre de son bien « ... si volet suo vivito... » (Aulu-Gelle *Nuits att.* X, 1.— Dig. (50-16) *de verb. signif.* loi CCXXXIV, § 2, fr. Gaius), d'où il faut nécessairement conclure que son bien n'était pas devenu la propriété du créancier; nous avons un texte au Digeste (4-6, *ex quibus caus. maj*.... — loi XXIII, fr. Ulpien) où il est dit formellement qu'un *addictus* peut continuer et accomplir une prescription, et rendre nécessaire une *restitutio in integrum*, parce que de même que l'absent il aurait été empêché de se défendre en justice. C'est donc pour lui et non pour son maître qu'il acquérait; de plus, Quintilien affirme qu'il conservait son nom, sa *gens*, sa tribu, son ingénuité. « ... prænomen, nomen, cognomen, tribum : habet hæc addictus... » Son état était, à vrai dire, une servitude de fait.

Il ne faut pas davantage admettre que l'exécution du jugement de condamnation pût être pratiquée directement sur les biens du débiteur avant ou après l'addiction, (Giraud, *du Prêt à intér.* § 5, p. 476, *Mém. de l'Acad.* t. V), ce n'est point à la poésie mais à l'histoire qu'appartient cette indivisibilité de la terre libre et de l'homme libre, cette impossibilité de reporter sur la fortune l'engagement de la personne. L'action de la loi *per pignoris capionem* n'a point une date antérieure aux XII Tables; encore s'étend-elle à des cas fort restreints; le *pignus in causâ judicati captum*, ou *pignoris capio* des magistrats pour assurer l'exécution de leurs jugements ou amener au payement de la *mulcta* (Aulu-Gelle, *Nuits att.* XIV, 7), n'a guère une origine plus ancienne, les caractères en sont tout au moins fort douteux; et Tite-Live donne à entendre que l'exécution sur les biens date de la loi Pœtelia : « ..... pecuniæ creditæ bona debitoris non corpus obnoxium esset. » Ainsi la mancipation de la personne elle-même, par le *nexum*, fut le seul moyen d'atteindre la fortune du débiteur; l'autorité judiciaire fut impuissante pour isoler la propriété du propriétaire, et pour la saisir comme garantie des engagements de ce dernier; l'addiction ne put pas davantage forcer directement le débiteur solvable au payement de ce qu'il devait. La sévérité de l'ancienne législation des dettes avait alors pour but de briser la résistance des débiteurs.

CHAPITRE V

Destinées du *NEXUM*

Le frein imposé par la loi décemvirale à l'avidité des usuriers ne fut pas respecté longtemps ; juges prévaricateurs,
les magistrats chargés de l'appliquer n'hésitèrent pas, par
esprit de corps, à faire fléchir ses bienfaisantes dispositions ;
on sait quel sort était réservé à ceux qui se fussent avisés de
rendre la justice dans un sens favorable aux débiteurs (1) ;
aussi, grâce à l'impunité, les patriciens s'affranchissaient peu
à peu de tout sentiment de pudeur et de pitié.

Les Douze Tables avaient fixé le taux de l'intérêt (2),
et l'on en avait si peu tenu compte, qu'à l'époque de la loi
Licinia (3) l'anatocisme était de nouveau en vigueur. En
vain les tribuns Duilius et Mœnius (4) avaient fait passer
une disposition protectrice ; elle était restée à l'état de lettre
morte jusqu'à ce qu'un acte d'insigne débauche fût devenu
le signal d'une révolte qui aboutit à la loi Pœtelia-Papiria (5);
L'engagement du *nexum*, contrainte conventionnelle des
premiers âges de Rome, tombait sous le coup de la réproba-

---

(1) Tite-Live, *Epit.* liv. 74. Le préteur Sempronius Asellio fut assassiné au
milieu du forum.

(2) Tacite, *Ann.* VI, 16. — Caton *De re rust.* proœm. — Montesquieu, *Esp.
des lois*, XXII, 2.

(3) Tite-Live, VI, 35. — Horace, *Sat.* 3 v. 86. — Cicér. *De off.* II, 25.

(4) Tite-Live, VII, 16. — Depuis l'intérêt avait été réduit au *semiunciarium*
sur une proposition des tribuns, ensuite la loi Genucia avait été jusqu'à prohiber le prêt à intérêt. — Tacite, *Ann.* VI, 16. « ... Postremo vetita versura...»
— *Voir : Mém.* de M. Giraud, p. 397.

(5) V. ci-dessus p. 73 et note 4. — Page 94 et note 2.

tion publique; mais à côté de l'*addictio*, qui devait se maintenir longtemps encore, s'introduisait l'usage de la vente de sa personne (1) qui allait se perpétuer dans la coutume et résister aux efforts des empereurs. Aussi, la querelle des dettes était loin d'être apaisée; il ne suffisait plus aux débiteurs d'avoir vu substituer le partage des biens (2) au partage de la personne, et ils préférèrent bien des fois se signer des quittances avec la pointe de leur épée. Les prétentions injustes des obérés s'accrurent avec la complaisance de leurs ambitieux protecteurs. Le successeur de Marius (3) avait acheté les suffrages en réduisant à un quart (4) le capital des dettes existantes; et c'était dans l'espoir d'une pareille mesure que les débiteurs de mauvaise foi, les hommes perdus de dettes, milice naturelle des révolutions, se jetèrent dans la conspiration de Catilina (5), n'ignorant pas que le moyen mis en usage en pareil cas est de leur donner quittance.

Le gouvernement impérial de Rome, bien qu'il ne pût en réalité se soutenir que par la tyrannie militaire, reposait en apparence sur un principe républicain; aussi dût-il se montrer favorable au peuple. La cession de biens fut un refuge pour les débiteurs contre les rigueurs de l'exécution corporelle.... Une ère nouvelle était ouverte pour le monde, la charité et l'amour avaient cessé d'être des divinités païennes; à la philosophie stoïcienne succédait le spiritualisme chrétien; les prisons s'élargissaient et les fers des débiteurs tombaient (6) à la voix des Pères de l'Eglise (7); Constantin

---

(1) V. ci-dessus p. 71 et suiv.
(2) Voir les détails dans Gaius, IV, § 35.
(3) Valerius Flaccus, 1. p.
(4) Velleius Paterculus, II, 23.
(5) Salluste, *Catil.* c. 33, on leur avait promis que l'argent serait payé en cuivre, etc. 21. « ... Polliceri tabulas novas... »
(6) Tertullien, *Apolog.* c. 4.
(7) Saint Chrysostôme in *Mat. Homilia*, 15 in fine. — Saint Ambroise, *Ep.* I,

convertissait l'emprisonnement en une simple garde (1), Zénon supprimait les prisons privées (2), et Justinien, chargé de réparer la marche rétrograde que Valentinien (3) avait fait faire à la législation des dettes, allait enfin pousser l'ardeur de ses réformes jusqu'à s'attirer le singulier reproche d'avoir favorisé les débiteurs plus que les créanciers.

lettre 206. — Saint Grég. de Naz. *Orat.* 3, *De resurr. Dom.* — Saint Augustin, S. 3, *in martyr.*

(1) C. (10.49) *De exact. tribut.* loi II.

. (2) C. *De privat. carcer. inhib.* loi II.

(3) Selon Ammien Marcellin, il fit mettre à mort des débiteurs insolvables : « Aliud audiebatur horrendum quod ubi debitorem aliquem egestate obstrictum nihil reddere posse dicebatur interfici debere pronuntiabat » (lib. 27).

FIN.

DE LA

CONTRAINTE PAR CORPS CONVENTIONNELLE

EN DROIT FRANÇAIS

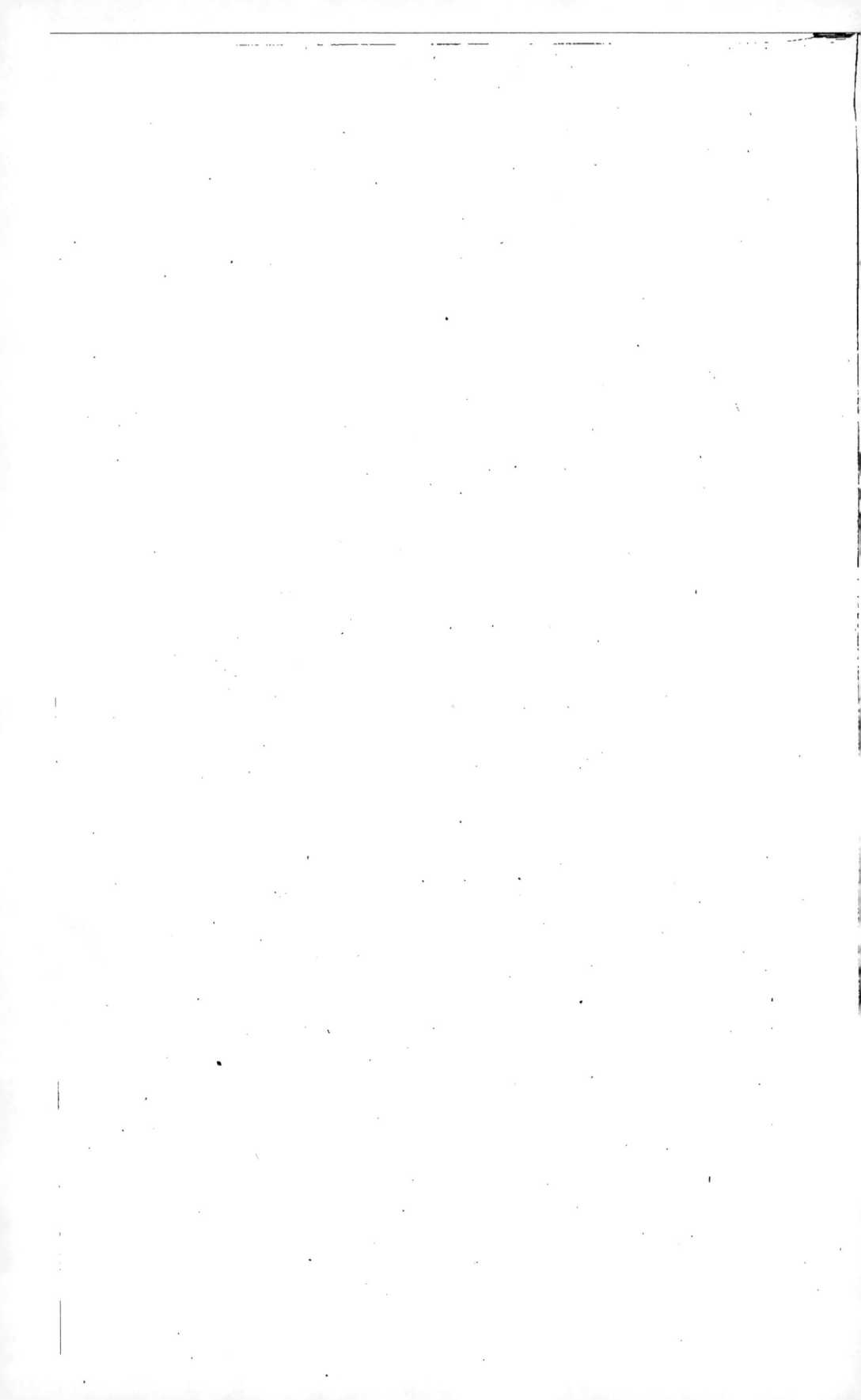

DE LA

CONTRAINTE PAR CORPS CONVENTIONNELLE [1]

EN DROIT FRANÇAIS

CHAPITRE Ier

Histoire. — 1re période.

L'empire romain en était là de ses réformes ; les lois sur les dettes semblaient avoir atteint leur dernier perfectionnement. Avec l'invasion barbare, un grand ébranlement vient remuer tout cet édifice ; la nuit va succéder au jour, la logique inflexible du glaive remplacer la douce philosophie des lois, le *nexum* et l'*addictio* reparaître sous d'autres formes et les nations retourner à la barbarie, « comme si l'humanité, lorsqu'il ne reste rien à faire pour l'amélioration des lois, était destinée à détruire elle-même son œuvre afin d'obéir en la reconstruisant à ce besoin d'action qui fait tout à la fois son tourment et sa force. Il est pourtant quelque chose de providentiel dans ces brusques retours à l'ignorance et au passé ; la société qui va renaître substituera la riche verdeur de sa séve aux forces languissantes de la société qui

---

(1) Le *nexum*, l'*obnoxiatio* et la *contrainte par corps conventionnelle* sont les trois grandes phases historiques de l'exécution sur la personne en vertu d'un contrat ; nous avons étudié le *nexum* avec quelques développements, l'*obnoxiatio* trouvera naturellement place dans la partie historique de ce chapitre.

vieillit ; des lois incultes et énergiques aux dures sanctions
pénales, viendront amender l'excessive douceur des lois éner-
vées qui ne suffisent plus à la répression ; et, dans le grand
drame humanitaire, l'état barbare jouera un rôle qu'il faut
se garder de dédaigner, celui de la moralisation (1).

Chez les Gaulois existait de toute ancienneté la servitude
volontaire de la dette ; les cas étaient rares où la forme
du *mutuum* servant seulement de voile à une aumône dé-
guisée, l'emprunt se faisait à cette condition que la somme
prêtée serait rendue dans l'autre monde (2) ; et quand César vint envahir les Gaules, la plupart des gens obérés par
les dettes se donnaient en servitude à des nobles qui acqué-
raient sur eux tous les droits du maître sur l'esclave (3). La
réaction barbare ne laissa pas longtemps debout la civilisation précoce et l'usage des lois romaines qui s'étaient intro-
duites en Gaule à la suite des légions ; elle suppléa par ses
codes sans nombre l'unité de la loi écrite. On peut saisir
néanmoins quelques caractères généraux : la propriété de sa
personne et de sa liberté appartient à l'individu, rien n'est
moins inviolable, il peut se vendre comme esclave (4), et
chercher sous la protection du leude ou duc un rempart
contre sa faiblesse. Grégoire de Tours nous offre même
l'exemple d'un homme qui se fait vendre pour donner à un
tiers comme libéralité le prix de son propre corps (5). La
loi des Wisigoths ajoute pour ce cas spécial la facilité de se
libérer en restituant le prix de la vente (6).

---

(1) Leviel de la Mars. *Hist. de la cont. p. c.* p. 101 et s.

(2) Valère-Maxime XII, c. 1. « Gallos memoriæ proditum est mutuas dare
pecunias quæ his apud inferos reddantur. »

(3) César, *Commentaires de bello gallico* c. VI.

(4) Loi des Frisons, t. 11, § 1. « Si liber homo spontaneâ voluntate...in perso-
nam et servitium illi se subdiderit.... » — Capitul. Théod. cantuar. c. 12,
« ... homo XIII annorum seipsum potest facere servum. »

(5) Grégoire de Tours , l. III, c. 15, trad. Guizot , p. 129. — Aug. Thierry,
lettre 8, page 142.

(6) Lex Wisigoth. l. V, tit. IV, § 10.

Avec de tels principes, il ne faut point s'étonner de retrouver la servitude conventionnelle appliquée à la dette. Le contrat est l'*obnoxiatio*. De même que le *nexum*, tantôt il a lieu au moment du prêt comme garantie de remboursement, tantôt au moment de l'échéance, alors que le débiteur ne peut payer (1) ; mais il est toujours l'expression d'une volonté libre et spontanée. Les paroles qui seront prononcées dans la formule attribueront au créancier des droits plus ou moins étendus : droit de se servir de l'obnoxié comme d'un esclave, de le vendre (2), échanger, corriger; quelquefois elles s'étendront jusqu'à ses héritiers. Le plus habituellement le débiteur stipulait en sa faveur une condition résolutoire et se réservait le droit d'imputer sur la valeur de sa dette ses services jour par jour (3). Enfin, ses biens passaient en la possession du créancier (4). En dehors du consentement formel du débiteur, nul ne pouvait réduire un homme libre en esclavage, pour le paiement d'une dette purement civile (5). C'était seulement lorsqu'il s'agissait de poursuivre la réparation d'un crime ou d'un délit (6), que celui qui éprouvait le tort avait droit d'arrêter lui-même le coupable et de le garder en servitude jusqu'au paiement de la *composition*, c'était alors une sorte de contrainte par corps judiciaire (7) ; si un tiers généreux intervenait pour payer le montant de la condamnation, le criminel ainsi libéré s'obnoxiait à ce libéra-

---

(1) Marculfe, *form.* append. XVI.

(2) Ducange, V° *obnoxiatio* et V° *obstagium*.

(3) Lex. Wisigoth. l. V, tit. IV, § 10. — Lex Boioariorum, c. 2, tit. II.

(4) C'est pour ce motif que la loi des Saxons exigeait que les héritiers présomptifs consentissent à l'*obnoxiatio*, l. III, art. 32, § 4.

(5) Chez les Wisigoths toutefois le débiteur, à l'échéance, devait payer sinon ses biens étaient discutés et vendus ; s'ils ne suffisaient pas pour désintéresser le créancier il était alors forcé de s'obnoxier. S'il y avait plusieurs créances, le magistrat faisait passer la plus forte la première. Lex Wisigoth. l. V, tit. 5, c. 5.

(6) Lex Longobard. t. IX, § 4.

(7) Elle avait lieu également pour dommages-intérêts ou frais de justice ; *(freda)* il y avait alors intervention du magistrat. (*Lex Longobard.* l. III, t. IX, § 5.)

teur (1). Dans la maison du maître l'obnoxié est mieux traité que l'esclave, parce qu'il peut, par le paiement de la dette ou du prix de vente, arriver à sa libération.

Les Capitulaires améliorèrent le sort des esclaves pour dettes (2) ; l'usage du paiement par le corps ne fut plus absolu (3) ; le contrat de gage sur la chose commença à lutter avantageusement contre le gage sur la personne; mais cette institution nouvelle ne parvint pas à se substituer à l'*obnoxiatio* ; l'esclavage volontaire subsista pendant plusieurs siècles encore au profit des dettes privées et publiques (4), malgré les louables efforts des empereurs (5), et Charles-le-Chauve en constate indirectement l'existence.

Le pouvoir législatif avait échappé aux mains débiles d'une royauté affaiblie et passé aux grands vassaux ; les garanties accordées par les empereurs eurent bientôt disparu. Le combat judiciaire (6) servit, à défaut de titre, de preuve pour toute demande tendant au paiement d'une dette ; ainsi les débiteurs furent livrés à l'arbitraire et sous le régime de la loi du plus fort, un bon coup de lance constitua toute une procédure. Il est vrai que les Assises de Jérusalem déclaraient le débiteur libre de chaînes et lui conservaient dans l'esclavage la qualité et les droits d'homme libre, elles facilitaient même son retour à la liberté en établissant que le prix de ses travaux *abatrait de sa dette* (7) ; le *détour livre* (8) n'était autre qu'un débiteur, qui n'avait pas la condition d'un esclave, mais celle d'un serviteur à gages obligé

---

(1) Marculfe, 1. II, *form.* 28.

(2) *Lex. Franciæ Caroli Magni*, lib. IV, c. 36. — L'homme libre qui se donne *in wadium* est libéré après sept années de servitude.

(3) Capitul. 1. V, c. 203. — I. VII, c. 299 et 312.

(4) Capitul. 1. IX.

(5) Capitul. de Charles-le-Chauve, tit. XXXVI, c. 21.

(6) Il pouvait avoir lieu pour une créance de cinq sous. — De Laurière, t. 1, p. 6. — Lettre de Louis-le-Jeune (1168).

(7) Assises de Jérus. baisse cort. l. LXIV. — H. cort. 1. Ch. CIC, p. 436.

(8) Assises de Jérus. H cort. c. 499.

de gagner par son travail un salaire payé d'avance, et qui, ne devant au créancier que le capital prêté, travaillait pour lui-même, à sa libération. Mais tout cela ne se passait qu'en Palestine ; là encore, autre était le code des nobles, autre celui des bourgeois, l'engagement conventionnel de la personne y revêtait des formes nouvelles, mais il restait le droit commun.

Avec saint Louis, un principe nouveau se substitue à l'ancien : « pour nulle doibte fors pour la nôtre ils ne prengnent nul ne tiengnent prix (1) ; » il n'y a plus désormais de combat judiciaire, l'insolvabilité est à l'abri sous l'égide du bénéfice de cession ; si le débiteur est solvable, il vend lui-même ses biens dans les quarante jours sinon les créanciers poursuivent eux-mêmes la vente.

Avec l'ordonnance de Béziers commence, à proprement parler, la troisième phase de l'histoire de la contrainte par corps en vertu d'un contrat. Les *Établissements* de saint Louis, testament sublime d'un grand roi, avaient trop devancé les mœurs ; aussi, en dépit des prohibitions absolues, l'engagement conventionnel brusquement supprimé en principe, s'était maintenu en fait dans toute l'étendue du royaume. L'ordonnance de 1303 rétrograda dans une juste mesure : les principes posés par saint Louis, en ce qui concerne la vente des biens du débiteur et le bénéfice de cession, y sont maintenus comme droit commun ; toutefois l'ordonnance admet de la part du débiteur une convention contraire (2), ainsi se trouve régularisée, dans son article 12, la contrainte par corps conventionnelle qui va s'inscrire dans les coutumes, jusqu'à ce que l'ordonnance de 1667 vienne la proscrire à peu près d'une manière formelle. Ce n'est pas à dire pour cela que la faculté de con-

---

(1) Loisel, *Instit. cout.* ord. des rois de France, t. I. p. 72. — (Ord. 1254.) — *Etabl.* de St-Loys, l. I, c. 21 (1270).

2) Ord. de Béziers de 1303, art. 12.

tracter ainsi n'ait point existé à une époque antérieure ; Philippe-le-Bel, en ne permettant la stipulation de contrainte
que par lettres passées *sous le scel royal* (1), restreignait
sans doute à cette seule forme un usage précédemment général (2). Quoi qu'il en soit, reconnue par les ordonnances et par
la plupart des coutumes, cette clause devint bientôt de
style (3) dans tous les contrats , et l'exception se tranforma
en droit commun.

Lorsqu'au moment de l'échéance le débiteur ne paie pas sur
le champ, le créancier a le droit de l'arrêter sans comman-
dement ou condamnation préalable (4) et de le surprendre,
avant qu'averti du danger, il ait songé à fuir ou à mettre ses
biens à couvert. Au surplus, rien de fixe sur ce point ;
pourvu qu'elles ne stipulent pas l'esclavage ou quelque chose
d'attentatoire à l'ordre public, les formules se modifient au
gré des contractants ; sous la législation coutumière, à cette
époque où, selon l'expression de Montesquieu, il n'y eut plus
de loi commune (5), leurs conceptions varient à l'infini ;
voici toutefois les plus générales :

Si le débiteur s'était obligé à tenir arrêt (6), cette clause
était entendue en ce sens : qu'à défaut de paiement à l'é-
chéance, le créancier pouvait lui imposer de séjourner dans
un lieu déterminé, ville ou même village (7); c'était un ban

(1) D'après l'ordonnance de 1539, art. 65, ces lettres étaient exécutoires par tout
le royaume.

(2) Ord. 23 mars 1302, insérée dans la troisième partie du *style du parlement*, tit. XXXIII de non carcerando debitore. « ..... Nec tenebunt aliquem
in prisione seu carcere pro debito, nisi per literas nostras regias ad hoc fuerit
specialiter obligatus. »

(3) Boucheul, *Sur l'art.* 424 *de la coutume du Poitou*, n° 6.

(4) Sinon, dit Ferrière (*sur l'art.* 173, *tit.* VIII *de la coutume de Paris*), ce privilége serait complétement inutile et ce serait, comme on dit vulgairement,
vouloir prendre un lièvre au son du tambour. »

(5) Montesquieu, *Espr. des lois*, XXVIII, 9.

(6) Les coutumes des Pays-Bas appellent *clain* l'exercice du droit d'arrêt. —
Pinault-des-Jaunaux, *sur le titre* 25 *de la cout. de Cambrai.*

(7) Pourvu qu'on y pût trouver « pain, vin et autres vivres nécessaires. »
Anc. cout. de Bretagne, 121, et nouvelle, 144.

de surveillance au profit du créancier ; s'il était rompu par le débiteur, en d'autres termes, si ce débiteur franchissait les limites du lieu où il tenait arrêt, cet arrêt se transformait en incarcération (1).

La clause de prison fermée était plus rigoureuse. Le créancier pouvait incarcérer immédiatement (2) son débiteur ; mais ce dernier avait la faculté, s'ils étaient suffisants, d'éviter la prison, en offrant ses biens comme garantie.

Cet adoucissement n'avait pas lieu si l'emprunteur s'était obligé à subir concurremment *toute compulsion sur son corps et sur ses biens* (3). Alors les modes de contrainte pouvaient être cumulés (4), et les pouvoirs absolus conférés au créancier lui permettaient, selon l'expression pittoresque de Papon (5), de prendre *la charrette, le charretier et le fouet* ; l'incarcération était inévitable, à moins de consignation réelle et en deniers (6) du montant de la dette : ce qui était un paiement.

La convention pouvait aller jusqu'à enlever au débiteur le droit de défense (7), et alors, s'il avait affaire à un créancrier de mauvaise foi, voulût-il même alléguer un paiement, il était d'abord enfermé et on l'écoutait tout au plus après qu'il avait consigné la somme due (8). Plus tard on permit, à la vérité, une défense improvisée, si elle portait sur ce point qu'il y avait eu quittance valable (9) ; mais à défaut de

---

(1) Nouv. cout. de Bretagne, 112. — Ancienne, 117 et suiv.

(2) Anc. cout. de Bretagne, 120.

(3) Bourbonnais, 104. — Auvergne, c. 24, art. 59.

(4) La coutume du Béarn voulait qu'une telle obligation fût expresse. Fors de Béarn, tit. des exécut. art. 2. — Cela n'est plus nécessaire depuis l'ordonn. de Moulins. Coquille, *Sur la cout. du Nivernais*, art. 9.

(5) Papon, *Arrêts*, liv. XVIII, tit. V, arrêt 52.

(6) Alliance des coust. de France, § 104. — Cout. de Bretagne. c. 24, art. 64. — Bourbonnais, 104.

(7) Alliance des coust. de France, § 103. — Papon, l. X, tit. 1, arrêt 2.

(8) Auvergne, c. 24, art. 66.

(9) Auvergne, c. 22, art. 66-67. — Bourbonnais, c. 12, art. 105. — Bretagne, c. 24, art. 66.

9

démonstration immédiate, et, en dernier recours, après serment déféré au créancier, il fallait bien aller en prison.

L'édit de Moulins fit de la contrainte par corps judiciaire le droit commun de la France. La contrainte par corps conventionnelle ne fut point supprimée en principe, mais on en modifia si profondément la procédure qu'on peut dire que de fait elle avait cessé d'exister : Le créancier invoquera en vain la loi du contrat, son titre devra être soumis préalablement à l'appréciation du juge ; alors seulement il pourra procéder à l'exécution par corps (1), en se conformant toutefois aux délais légaux (2) ; d'un autre côté, la cession de biens fut un moyen d'éviter l'emprisonnement, et la liberté du débiteur ne put plus être compromise, même conventionnellement (3), si le montant de la dette était inférieur à 30 livres (4). Ce chiffre fut plus tard porté à 50 livres (5).

L'ordonnance de 1667 supprima sans restrictions, pour tout le royaume, (6) la contrainte par corps conventionnelle déjà annihilée dans ses effets par l'ordonnance de Moulins. Ses articles 1 et 6 portent d'une manière générale (7) défense de passer aucuns jugements ou conventions portant contrainte par corps contre des nationaux ; les greffiers et notaires qui les auront reçus, ou les huissiers qui les auront exécutés, seront passibles de dommages et intérêts outre les dépens. Nous devons noter toutefois une dérogation unique reproduite plus tard dans l'article 2062 du Code Napoléon : — art. 7. « Permettons aux propriétaires « des terres et héritages situés à la campagne de stipuler

(1) Ord. de Moulins (de 1566), art. 48.

(2) Toute contrainte prononcée par le juge est suspendue pendant 4 mois, après ce délai le débiteur est incarcéré sans discussion préalable de ses biens. — Louis XIII fixa le délai à 8 mois quand le débiteur serait noble.

(3) Ce point fut établi par des arrêts de règlement (*ci-dessous*).

(4) Arrêt de règlement, 2 janv. 1581.

(5) Arrêt de règl. Grands jours de Clermont, 27 oct. 1665.

(6) Elle s'étendit aux pays de droit coutumier. — Denisart. V° *cont. p. corps*.

(7) Ord. 1667, titre XXXIV, art. 1 et 6.

« par les baux les contraintes par corps. » La contrainte par corps judiciaire, droit commun depuis l'ordonnance de 1566, fut abolie en principe ; maintenue dans des cas exceptionnels (1), elle était alors facultative pour le juge; on ne conserva de l'édit de Moulins que le délai de quatre mois pour les cas spéciaux tels que dommages-intérêts, dépens (2), restitutions de fruits, réliquat de compte de tutelle.

Mais on revint bientôt d'une manière indirecte à la contrainte par corps conventionnelle. L'ordonnance de 1560 avait permis de prononcer la contrainte par corps « pour la cé-« dule reconnue entre marchands et pour cause de mar-« chandises, » et celle de 1667 avait établi la nomenclature des actes qualifiés faits de commerce; l'ordonnance de 1673 bouleversa ces principes en déclarant contraignable par corps tout signataire d'une lettre ou billet de change, alors même qu'il ne serait pas commerçant, de telle sorte que désormais l'exécution par corps fut subordonnée à la nature de la dette plutôt qu'à la qualité de la personne; les non-commerçants purent désormais consentir à la contrainte par corps en donnant à leurs obligations la forme d'une lettre de change. L'ordonnance de 1681, par son article 6, permit aux parties de *s'obliger par corps* dans les contrats maritimes; aux notaires d'en insérer la clause ; aux huissiers d'emprisonner sans que le créancier eût obtenu un jugement préalable, et en vertu seulement de la soumission.

En présence de tels principes, on trouvait contradictoire que, du moment où l'emprisonnement était prononcé pour dettes résultant de lettres ou billets de change, et où par

---

(1) Ord. de Louis XIV (1667) titre XXXIV, art. 2, 3, 4, 8, 9. — Elle conserve aussi leurs priviléges aux foires, ports, marchés, villes d'arrêts. Des édits postérieurs ajoutèrent de nouvelles exceptions.

(2) Montant à 200 livres et au-dessus. — M. Boncenne, t. II, p. 531. — Pothier, *Procéd. civ.* 5e partie, ch. I, § 4.

conséquent ce mode d'exécution émanait d'une *obligation par corps tacite*, il fût interdit de passer par devant notaire des engagements avec stipulation expresse de contrainte par corps ; cette interprétation fut repoussée en matière commerciale ordinaire par un arrêt de 1716, infirmatif d'une sentence du Châtelet du 30 juin 1713 (1).

(1) Nous n'entrerons pas dans le détail des nombreux priviléges conservés par les ordonnances et qui venaient restreindre, ajourner ou autoriser les exécutions par corps: priviléges de l'âge, du sexe, priviléges en raison de l'état de la personne du débiteur, ou en raison de la personne du créancier, priviléges du domicile fixe dans certaines villes ou du séjour momentané à certaines foires, etc. Si quelques-uns s'étendaient généralement à toute contrainte par corps, la plupart n'avaient aucun effet pour restreindre les exécutions résultant de la convention.

CHAPITRE II

Histoire. — 2ᵉ période.

Tel était l'état du droit en cette matière, lorsque la Révolution intervint. A partir de cette époque, l'histoire de la contrainte par corps conventionnelle est intimément liée avec l'histoire générale de la contrainte par corps ; elle en subira toutes les vicissitudes. Disons seulement que, aboli (1) en principe par le décret du 9 mars 1793, ce mode d'exécution fut rétabli plus tard par la loi du 24 ventôse an V, et organisé par la loi du 15 germinal an VI qui présenta dans son ensemble une sorte de petit code sur la matière de la contrainte.

Arriva le Code civil qui, dans le titre XVI de son troisième livre, promulgué à la date du 23 février 1804, statua sur les matières qui avaient déjà servi d'objet au titre Iᵉʳ de la loi de l'an VI. Puis le Code de procédure, art. 126 et 127,

---

(1) Deux fois dans le cours du dix-huitième siècle la contrainte par corps avait été suspendue. La première fois, en 1715 à la suite de la guerre de la succession d'Espagne, sous le chancelier Voisin ; la deuxième fois, après les désastres occasionnés par le système de Law, quelques années après (sous d'Aguesseau); ces deux circonstances avaient servi de prétexte pour attaquer la contrainte par corps dans son principe. Par suite de ces deux suspensions successives l'exercice de cette voie rigoureuse d'exécution avait été paralysé de fait pendant un laps de temps assez considérable, jusque vers l'an 1733. Du moment où pendant un temps assez long le crédit et le commerce avaient pu se passer, sans détriment pour leurs intérêts, de cette voie rigoureuse d'exécution, elle se trouvait par là même condamnée, puisque c'était dans les moments de désastre qu'on se décidait à en suspendre l'exercice, alors qu'il aurait fallu au contraire en appliquer plus rigoureusement les règles pour tâcher de relever le crédit public.

compléta la matière, et ensuite, dans les art. 780 et suivants, statua sur l'exécution des jugements emportant contrainte par corps, c'est-à-dire sur ce qui faisait l'objet du titre III de la loi de l'an VI. Restait en vigueur le titre II de la loi de l'an VI. Le Code de commerce était resté muet sur cette matière ; la loi du 17 avril 1832 régla définitivement le principe de la contrainte par corps en matière commerciale et consomma l'abrogation pleine et définitive de la loi de germinal an VI. Enfin, un décret du 9 mars 1848, émané du gouvernement provisoire, suspendit l'exécution de la contrainte par corps, jusqu'à ce que l'Assemblée nationale, qui devait se réunir au mois de mai de la même année, eût définitivement statué sur son principe. En effet, une loi du 13 décembre 1848 remit en vigueur la législation antérieure sur la contrainte par corps, en y apportant quelques modifications et surtout quelques adoucissements.

Ainsi, pour avoir maintenant une idée complète de la contrainte par corps, même dans les matières civiles, il serait nécessaire de combiner le titre XVI du livre III du Code Napoléon et les art. 126, 127, 780 et suivants du Code de procédure, avec un assez grand nombre d'articles de la loi du 17 avril 1832, qui statue à la fois sur la contrainte par corps en matière commerciale, sur la contrainte par corps en matière civile et enfin sur certains cas particuliers de contrainte soit contre les comptables publics soit contre les étrangers, ainsi qu'avec la loi du 13 décembre 1848.

A cette dernière époque, comme cela avait eu lieu à chaque nouveau projet de réforme, la discussion s'était étendue aux principes mêmes de la matière ; l'utilité et la légitimité de la contrainte par corps avaient été révoquées en doute ; des écrivains éloquents, des jurisconsultes, des orateurs s'étaient élevés contre une voie d'exécution, qui présente tous les caractères d'une peine infligée, non point par la société, mais par l'intérêt privé et la passion indivi-

duelle, d'une peine sans délit, d'un châtiment sans culpabi-
lité, qui ne tient compte ni de la bonne ni de la mauvaise
foi, et constitue cette singulière anomalie, de demander à
un homme de l'argent et de le mettre dans une situation où
il ne peut en gagner.

La doctrine contraire prévalut néanmoins dans le sein de
l'Assemblée ; soutenue avec vigueur, surtout dans l'intérêt
du commerce, elle avait aussi pour elle l'ancienneté des
usages et l'autorité de savants législateurs : les négociants,
avait dit Montesquieu, étant obligés de confier de grandes
sommes pour des temps souvent fort courts, de les donner,
de les reprendre, il faut que le débiteur remplisse toujours
au temps fixé ses engagements, ce qui suppose la contrainte par corps ; et dans le même chapitre : « La loi.....
fait plus de cas de la liberté d'un citoyen que de l'aisance
d'un autre ; mais, dans les conventions qui dérivent du
commerce, la loi doit faire plus de cas de l'aisance publique
que de la liberté d'un citoyen (1). » On s'attacha davantage
à en constater la nécessité qu'à la justifier en principe (2) ;
l'esprit de commerce tend à réduire toutes choses en valeurs
négociables (3), il ne faut donc pas s'étonner qu'il fût disposé
à faire entrer dans la masse des capitaux dont l'homme peut
trafiquer, sa liberté même ; c'est une voie de crédit, disait le
rapporteur de la loi de 1848, au moyen de laquelle il se fait
chaque année, à Paris, pour plusieurs milliards d'affaires (4).

Sans doute, la liberté est inaliénable, et la loi dans l'intérêt de la société ne permet pas en principe qu'un citoyen
mette sa personne dans la dépendance d'un autre ; mais si le

(1) *Esprit des lois*, liv. XX, ch. XV.
(2) M. Portalis, rapporteur de la commission de la Chambre des Pairs, dans
la discussion de la loi de 1832, avait qualifié ce principe de vicieux. (22 décembre 1831.) *Voir* le rapport de M. Lafitte sur la pétition du sieur Gibot.
(3) Rapport de M. Portalis, séance du 22 décembre 1831.
(4) Rapport présenté au nom du comité de la législation, par le citoyen Durand (séance du 16 août 1848).

législateur pense que l'intérêt de la société exige que ce principe souffre des exceptions, évidemment il peut les déterminer; c'est ce qu'il a fait lorsqu'il a autorisé, dans certains cas, le créancier à se servir de l'emprisonnement comme d'une pierre de touche pour éprouver la solvabilité du débiteur (1), ou comme une sorte de peine dans les cas où le débiteur s'est placé dans une position odieuse et a violé la foi publique. Mais il n'appartient qu'à lui, mandataire et organe de la volonté sociale, de déclarer dans quels cas extrêmes se rencontre cette nécessité qui commande l'abdication temporaire de la liberté. Il ne doit point départir au juge le plein pouvoir d'en priver à son gré la partie qu'il condamne et de faire de la contrainte par corps la sanction de ses décisions (2). S'il est vrai de dire que les meilleures lois sont celles qui laissent le moins de prise à l'arbitraire du juge, cette maxime doit principalement être observée « dans un pays où l'application stricte de la loi est une garantie de la liberté des citoyens, » et surtout en matière de contrainte par corps, parce que ce moyen extrême d'exécuter un débiteur ne devrait être autorisé que dans les cas où le législateur en a lui-même reconnu l'impérieuse nécessité. Le débiteur ne doit pas davantage avoir le droit de renoncer par convention à ce bien plus précieux que tous les autres. Ce dernier principe était formellement écrit dans l'article 2063 du Code Napoléon, qui défendait à tous notaires et greffiers de recevoir des actes dans lesquels la contrainte par corps serait stipulée, et à tous Français de consentir pareils actes, encore qu'ils eussent été passés en pays étrangers, le tout à peine de nullité, dépens et dommages-intérêts. Toutefois les cautions judiciaires, les cautions des contraignables par corps, et les fermiers pouvaient, par l'acte primordial, se soumettre à la contrainte

(1) Rapport du citoyen Durand, n° 7.
(2) L'art. 126 C. pr. est venu déroger à ce principe.

par corps. A part ces exceptions déterminées par le Code, la contrainte par corps conventionnelle restait sévèrement prohibée.

A côté de ce principe, la loi de 1832 avait paru former une contradiction permanente et manifeste; ne constituait-elle pas, à côté d'une règle aussi sage, toute une législation spéciale qui permettait aux citoyens, en formant des engagements d'une certaine nature, en souscrivant des actes revêtus d'une certaine forme, de se soumettre volontairement à la contrainte par corps, d'engager, d'aliéner volontairement leur liberté? Cette inconséquence avait paru choquante à plus d'un titre, aussi la contrainte par corps en matière commerciale avait-elle été le point de mire de toutes les attaques.

Devant l'impossibilité immédiatement pratique d'une telle abrogation, on demanda à distinguer le véritable commerçant de celui qui se livrerait à un acte isolé de commerce ou qui apposerait sa signature sur une lettre de change.

Cette distinction était en tous points conforme aux principes généraux des lois antérieures à 1832; l'ordonnance de 1667 disait, en effet, que la contrainte par corps était applicable pour dettes entre commerçants, pour faits de marchandises dont ils se mêlent, et la loi du 15 germinal an VI: que la contrainte par corps avait lieu de marchands à marchands pour faits de marchandises dont ils se mêlent réciproquement. Deux éléments essentiels étaient donc requis par la loi pour que la contrainte par corps pût être appliquée, savoir: qu'il y eût fait de marchandises, c'est-à-dire acte commercial, et que cet acte émanât de commerçants, puisqu'il y avait *de marchands à marchands* dans la loi de l'an VI, et *entre marchands* dans l'ordonnance de 1667; la loi de 1832 avait aggravé la contrainte par corps, en l'étendant à tous les actes ayant le caractère commercial ou auxquels la loi attache ce caractère sans considérer la qualité de la personne ; on demandait à supprimer cette aggravation.

Le commerce, disait-on, embrasse toute une série d'opérations compliquées qui constituent, pour celui qui s'y livre, une manière d'être, un état, une profession distincte ; si donc pour faire dans ces relations diverses régner la bonne foi, si, à cause de la solidarité que peut entraîner le moindre retard, le législateur, dans un but d'intérêt général, juge à propos d'établir la contrainte par corps comme une sanction rigoureuse, pour activer l'exécution des engagements, de même qu'il a institué, pour plus de célérité, une procédure sommaire et une juridiction expéditive ; la commercialité présumée de tous les actes du marchand, résultant de sa seule qualité et indépendante de sa volonté propre, est une disposition générale de la loi ; il la subit dans l'impossibilité de s'y soustraire, et s'il a dépendu, en principe, de sa volonté seule, de revêtir la qualité de commerçant qui le soumet à la contrainte, il a revêtu une qualité générale désormais régularisée par la loi ; la contrainte par corps, à laquelle cette qualité le soumet, devient alors une contrainte par corps légale. Mais si le non-commerçant, par cela seul qu'il appose sa signature sur une lettre de change, est soumis à la contrainte par corps, que deviennent les prohibitions de l'art. 2063 ? N'est-ce pas permettre de faire indirectement ce que la loi défend de faire directement ? La contrainte par corps conventionnelle n'est-elle pas aussi bien établie par la possibilité accordée à un non-commerçant de revêtir à son gré ses engagements des formes commerciales, que par la faculté de se soumettre, par des stipulations contractuelles, à cette voie rigoureuse et exceptionnelle ?

Divers amendements avaient été présentés dans ce sens lors de la première discussion de la loi de 1848. L'un (1) était

___
(1) Amendement du citoyen Dabeaux (art. 2).

conçu dans ces termes : Que la contrainte par corps ne pourrait être exercée contre les signataires de lettres de change non commerçants, si ces lettres de change n'avaient pas pour occasion des opérations de commerce, trafic, change, banque ou courtage ; un autre (1), sorte de contre-projet à la rédaction première proposée au comité de législation par la sous-commission (2) nommée à cet effet, tendait à ce que toute stipulation conventionnelle de contrainte par corps, pour quelque cause que ce pût être, fût nulle et de nul effet ; que toute simulation ayant pour but d'entraîner la contrainte par corps, fût punie d'une amende et de l'interdiction des droits civiques ; la peine devait être prononcée par le tribunal appelé à statuer sur le titre.

La Chambre en avait prononcé le renvoi au comité de législation (3). Chargée par le comité d'examiner les amendements qui lui avait été renvoyés, et de les combiner, s'il y avait lieu, avec le premier projet, la sous-commission se remit à l'œuvre et du nouveau travail auquel elle se livra, sortit un deuxième projet de décret qu'elle proposa au comité de législation. Elle avait trouvé dans son sein des adversaires déclarés (4) de la contrainte par corps conventionnelle ; aussi le nouveau projet portait (art. 2) : « La contrainte par corps conventionnelle est abolie, » et : (art. 4) « La contrainte par corps ne sera prononcée ou exécutée contre des individus

(1) Amendement du citoyen Crémieux (art. 3).

(2) Elle était composée de MM. Gaslonde, Farconnet, Kling, Laflize et Hippolyte Durand (Seine-et-Oise), rapporteur, auxquels furent adjoints dans la suite MM. P. Boudet et Valette (du Jura).

(3) Contre le projet : discours de MM. Wolowski, Regnard, Grevy, Crémieux. Pour le projet : MM. Bonjean, Boudet, Senart ministre de l'intérieur. (*Moniteur*, séance du vendredi 1er septembre.)

(4) Notamment M. Durand, rapporteur. Dans son commentaire de la loi du 13 décembre 1848, voici comment il s'exprime (n° 6) : « Reste la contrainte par corps « conventionnelle, et nous n'aurons pas de peine à avouer qu'à nos yeux rien ne « la justifie et que nous regrettons qu'elle n'ait été effacée qu'en partie de nos « codes.... »

non négociants, tireurs, accepteurs ou endosseurs de lettres de change, ou signataires d'aval sur des effets négociables, que quand leurs signatures et engagements auront eu pour cause des opérations de commerce, trafic, change, banque ou courtage. » Ainsi l'art. 2 effaçait de nos lois la contrainte par corps conventionnelle en matière civile, celle dont il est vrai de dire qu'elle met la liberté individuelle dans le domaine des contrats. L'art. 4 admettait le principe de l'amendement de M. Dabeaux qui avait proposé de ne plus considérer les lettres de change en elles-mêmes comme des actes de commerce ; un amendement semblable avait été proposé lors de la discussion de la loi du 17 avril 1832, à la chambre des pairs, par la commission ; mais il n'avait pas été adopté.

A la première lecture, le comité de législation accepta, dans le projet de la sous-commission, l'art. 2, et supprima les dispositions de son art. 4. Le rapport lu en séance publique le 23 octobre 1848, contient les motifs de cette dernière suppression (n° 3). A la seconde lecture, dans le sein du comité, le projet de la sous-commission fut de nouveau modifié dans le sens restreint de l'art. 2 de la loi du 13 décembre 1848, qui interdit de stipuler la contrainte par corps dans un acte de bail pour le payement des fermages des biens ruraux.

C'est alors qu'un amendement plus radical fut proposé par M. Brillier ; c'était un retour à la législation antérieure à la loi du 17 avril 1832 ; il proposa de mettre la disposition suivante avant l'art. 4 du projet qui deviendrait l'article 5 :
« La contrainte par corps en matière de commerce ne pourra
« être prononcée que contre les commerçants condamnés
« pour dettes commerciales, au payement d'une somme prin-
« cipale de 200 fr. et au-dessus. »..... C'était l'abrogation des articles 1, 2, 3 de la loi du 17 avril 1832, c'était généraliser l'exception que faisait cette loi au profit des femmes non commerçantes. Le comité de législation déclara que sa proposition serait combattue.

Le même jour où fut votée la loi, dans la séance du 13 décembre 1848, M. Brillier soutint son amendement.

On avait, en faveur de son opinion, des précédents dans l'ordonnance de 1667 et dans la loi de germinal an VI, et l'exception des femmes dans la loi de 1832. On s'appuyait sur la difficulté d'apprécier un acte de commerce isolé : Le caractère d'un acte semblable tient souvent, disait-on, à une circonstance difficile à saisir ; c'est de l'intention que dépend la commercialité ; tel achat est commercial si on le fait dans l'intention de revendre l'objet acheté, il ne l'est pas si on le fait dans une autre intention quand bien même on revendrait l'objet acheté ; attacher la contrainte par corps au seul fait de commerce, c'est permettre au non-commerçant en revêtant ses engagements des formes commerciales, de se soumettre volontairement à la contrainte par corps comme sanction de ses obligations civiles, et par suite établir la contrainte par corps conventionnelle. Au surplus n'est-ce point un fait acquis que les non-commerçants forment la majorité des détenus pour dette? M. Portalis, rapporteur à la chambre des pairs, en 1831, s'exprimait ainsi : « Sur vingt individus détenus pour avoir tiré ou endossé des lettres de change, il y en a quinze au moins dont les engagements ont pour but des négociations dont le commerce rougirait. » En 1832, M. Decazes disait : les neuf dixièmes des détenus pour lettres de change ne sont pas négociants, et les faits pour lesquels ils ont été condamnés sont tout à fait étrangers au commerce ; » et la statistique se charge de démontrer ces propositions (1). Que trouve-t-on dans les prisons pour dettes : des propriétaires, des rentiers, des journalistes, des médecins, des avocats, d'anciens militaires, des instituteurs, des étudiants ; surtout des hommes appartenant évi-

_____

(1) V. Bayle-Mouillard, *De l'emprisonnement pour dettes*, p. 191 à 192 et 225 à 228.

demment à la classe ouvrière, incarcérés pour des dettes, le plus souvent minimes, que les frais d'huissiers et de procédure portent au double, auxquels on a tout ôté en enlevant la faculté de travailler, et par suite de se libérer (1).

Bien plus, si l'on consulte les précédents, on acquiert cette triste conviction que, dans les actes commerciaux et lettres de change faits par les non-commerçants, la commercialité est presque toujours simulée, et que la contrainte par corps que cette simulation entraîne, n'est autre chose dans son application que le moyen de faire payer une dette par ceux qui ne la doivent pas, d'asseoir une spéculation honteuse sur les affections les plus saintes et les plus pures, sur l'amour de la femme, sur l'amour des parents; de cette manière seulement la contrainte par corps a quelque résultat; on extorque un paiement, non pas à l'homme qui ne peut pas ou ne veut pas payer, mais à sa famille, que l'on oblige à intervenir pour lui et que l'on force au paiement, alors qu'elle ne doit rien en réalité. C'est en ce sens surtout qu'elle est une source d'abus et le plus souvent un moyen de ruiner les familles. Ainsi: deux époux sont mariés sous le régime dotal; ils veulent aliéner, au mépris de la loi, la dot de la femme, la contrainte par corps leur en offre le moyen. Le mari souscrit des engagements commerciaux simulés, il se fait mettre en prison, la femme obtient l'autorisation d'aliéner les immeubles dotaux. Toutes les précautions du père de famille ont été impuissantes pour la protéger; les dispositions protectrices du régime dotal lui-même tomberont devant la nécessité de faire sortir le

(1) Un homme était contraint par corps pour paiement d'une somme de 200 fr. L'exécution complète du jugement coûtait environ 330 fr. (Opinion émise par le tribunal de commerce de Paris le 24 juin 1848.) Au bout d'une année, en ajoutant les sommes consignées pour aliments, le détenu pour dettes se trouvait débiteur d'une somme moyenne de 900 fr. — Le tarif du 24 mars 1849 a introduit quelques modifications; mais une récente loi a augmenté le chiffre de la pension alimentaire fournie au détenu, et par suite la somme qu'il est tenu de rembourser pour arriver à sa libération.

mari de prison. Ainsi encore un fils de famille, qui n'aura pas de biens personnels, présentera sa personne pour garantie de la somme empruntée ; la contrainte par corps sera pour lui un moyen de crédit ; il exploitera ainsi l'affection et la faiblesse d'un père qui ne voudra pas voir son fils user dans les murs d'une prison sa réputation et sa vie ; et ce moyen de crédit, il n'en profitera pas pour se procurer des ressources dans le but de travailler, de développer son intelligence, mais pour se livrer au désordre, pour tuer ce qu'il y a de bien en lui, toutes ses facultés honnêtes et morales.

Spécialement, en ce qui concerne la lettre de change, si l'on met en avant l'intérêt du commerce, si l'on dit qu'elle est un titre qui, par sa forme extérieure, doit inspirer le crédit et que, pour inspirer ce crédit, il faut que le paiement en soit garanti par les moyens les plus énergiques ; que si le porteur était astreint pour user de la contrainte par corps contre l'un des signataires à examiner sa qualité, la circulation serait entravée, la lettre de change serait démonétisée : on peut répondre, d'une part, que ce n'est point la certitude de pouvoir exercer la contrainte par corps qui facilite la circulation de la lettre de change, que ce qui décide à la prendre, c'est la confiance qu'inspire la personne qui nous la remet ; c'est la confiance qu'inspirent des signatures qui sont connues ; quant à celles qui ne le sont pas, elles n'inspirent aucune sécurité ; d'un autre côté, que dans l'état actuel de nos lois, on est déjà obligé de se livrer à l'enquête pour examiner la validité de la lettre de change, de considérer si celui qui a apposé sa signature n'est pas un mineur, un septuagénaire, une femme non-commerçante, toutes signatures derrière lesquelles, d'après notre législation, il n'y a pas contrainte par corps ; qu'ainsi ce n'est pas par la remise de la pièce que l'on peut juger de son efficacité ; qu'au surplus, si le commerce vit de confiance, il faut qu'il examine la mo-

ralité de l'homme auquel il fait des avances et que cette mo-
ralité lui serve de gage avant tout; pour cela, il n'y a pas
besoin de contrainte par corps; il faut que le commerce
prête *à* la personne et non *sur* la personne; qu'enfin, si les
tribunaux de commerce ont une certaine latitude pour
annuler les lettres de change, soit comme entachées d'une
supposition de personne ou de lieu, soit comme surprises par
dol, il n'en est pas moins vrai, et la statistique est encore
là pour le dire, que sur cent emprisonnements, il y en a plus
de moitié pour faits d'usure à l'égard desquels les dispositions de la législation actuelle ont été insuffisantes.

A tous ces arguments, on répondit que le Code de commerce posait l'application des règles commerciales, non-
seulement vis-à-vis des commerçants d'habitude, mais encore
vis-à-vis de toute personne faisant un acte de commerce
(art. 631); qu'un tel amendement serait une dérogation à ce
principe; que, s'il fallait regretter les abus, la mission des
tribunaux était de les réprimer; que cette considération devait, du reste, céder devant de plus grands avantages:

La lettre de change est le plus puissant élément des
transactions; elle évite les transports effectifs de numéraire
et sert à effectuer une série indéterminée de paiements
sans aucun déplacement de numéraire ou au moyen d'un
seul déplacement; « le tireur la donne en paiement au
preneur, le preneur à son cessionnaire, ce cessionnaire
au sien, et ainsi de suite jusqu'au jour de l'échéance, où elle
est définitivement acquittée par le tiré, qui en cela ne fait
que se libérer envers le tireur, dont il était, dès l'origine,
le débiteur, de sorte que, dans l'intervalle de la création de
la lettre de change à son échéance, elle passe de main en
main, circule de place en place, comme une espèce de monnaie commerciale. Pour que rien n'entrave cette circulation,
il faut que la valeur en puisse être appréciée à simple vue
et que le paiement en soit garanti par les moyens les plus

énergiques, car, mieux le paiement en sera assuré, plus elle
se rapprochera du numéraire ; c'est pourquoi il est nécessaire de maintenir ce principe qu'en matière' de lettre de
change la forme emporte le fond.

Sous le bénéfice de ces observations, longuement déve-
loppées dans un discours de M. Bravard-Veyrières, l'amendement fut rejeté. On resta sous l'empire de la loi de 1832,
et la contrainte par corps resta applicable aux non-commerçants, par ce fait seul que leur engagement isolé avait un caractère commercial, ou revêtait la forme d'une lettre de
change. Ainsi fut maintenu un principe qui permettait d'é-
luder en fait les sages dispositions de l'art. 2063 du Code
civil et consacrait sur de larges bases une exception permanente à côté des prohibitions sévères de la loi.

10

CHAPITRE III

Législation actuelle.

Les divers cas de contrainte par corps peuvent se grouper sous la division suivante : contrainte par corps légale, et contrainte par corps conventionnelle. La contrainte par corps légale se subdivise elle-même en deux classes selon que la loi ordonne la contrainte ou qu'elle se borne à la permettre en en abandonnant l'application à la prudence des juges.

Ainsi premièrement : il y a contrainte par corps légale et impérative, c'est-à-dire contrainte par corps que les juges doivent nécessairement appliquer, dans les diverses hypothèses indiquées par les art. 2059 et 2060 du Code Napoléon. Il faut y joindre dans le Code de procédure les articles 191, 264, 683, 710 et 839. Dans tous ces cas la contrainte par corps doit être prononcée par le jugement de condamnation, parce que la loi, à raison de circonstances de dol, de fraude ou de faute très-grave, ordonne impérativement l'application de cette voie d'exécution.

En second lieu il y a contrainte par corps légale mais purement facultative, dans les cas prévus par les art. 2061 du Code Napoléon, 126, 213 et 534 du Code de procédure.

La contrainte par corps conventionnelle est celle que prononceraient les juges en vertu d'une stipulation formelle des parties, en vertu d'une convention par laquelle le débiteur se serait expressément soumis à la contrainte. Nous avons déjà dit qu'en principe, une telle convention n'est pas permise ; qu'on ne peut s'y soumettre à l'avance (art. 2063); aussi la convention par laquelle le débiteur consentirait à se soumettre à la contrainte, à défaut de paiement de la dette, n'est-elle autorisée aujourd'hui par la loi que dans un cas spécial, c'est celui du n° 5 de l'art. 2060 du Code Napoléon.

Encore faut-il que ce soient les juges qui prononcent la contrainte par corps en vertu de la convention ; il faut un jugement (1) en forme, portant dans un de ses chefs que la contrainte par corps aura lieu (2). La personne du débiteur n'est pas comme sa chose ; il ne suffit pas d'un titre exécutoire (3) pour la saisir et s'en emparer, il faut que la disposition de la convention se traduise en un ordre exprès du juge compétent. Ainsi l'on évite le grave abus de procéder de suite (4), par voie exécutive contre la personne, alors que peut-être le débiteur pourrait avoir à opposer des exceptions péremptoires (5) sur les causes de la dette. Ces juges seront : soit un tribunal, soit même des arbitres volontaires selon l'opinion de la jurisprudence (6) qui n'a pas craint ainsi de faire tomber en compromis une chose aussi essentielle que la liberté, car le jugement arbitral ne fait que promulguer l'existence des circonstances dans lesquelles la contrainte par corps intervient à titre d'accessoire et de moyen de coaction, et les arbitres ne font que se rendre les organes

---

(1) **Bigot**, *Exposé des motifs* (Fenet, t. XV). Voyez des exceptions, art. 264-519 C. pr. 2070, C. Nap. art. 46 et 48, loi du 17 avril 1832.

(2) Seul l'étranger non domicilié peut être arrêté provisoirement (tit. de l'exécution des jug. c. 8, art. 12.) en vertu d'une simple ordonnance rendue sur requête par le président du tribunal civil (loi du 17 avril 1832, art. 15).

(3) Autrefois le fermier pouvait être contraint en vertu de la grosse du bail. — Jousse et Rodier sur l'ord. de 1667, t. XXXIV, art. 7.

(4) Code autrichien, art. 275.

(5) Berlier (Fenet. t. XV).

(6) Cassat. 1er juillet 1823 (Devill. 7, 1, 280). — Jousse, dans son traité *des présidiaux* p. 303, professe la même opinion. — Coin-Delisle, p. 42, n° 7. — Merlin. V° *arbitr.* n° 9. — Troplong, tom. XVIII, n° 322. — *Contrà :* Pardessus C. com. n° 1404.

de la convention qui dans l'origine et dans les cas autorisés a stipulé la contrainte; un arrêt de cassation (1) a étendu cette doctrine aux arbitres amiables-compositeurs dont parle l'art. 1019 du Code de pr. civile. Les arbitres, en effet, rendent de véritables jugements, ils ont mission pour prononcer sur toute la cause, pourquoi non sur l'accessoire comme sur le principal; il n'y a pas ici une convention qui porte atteinte à la liberté, la partie ne se soumet pas illégalement à la contrainte par corps, elle y est virtuellement et régulièrement soumise indépendamment du fait des arbitres; elle y gagne une chance favorable, savoir : que ces arbitres pourraient refuser la contrainte par corps alors même qu'elle serait inscrite dans le contrat. Tous ces motifs acquièrent une nouvelle force par ce fait que les sentences arbitrales ne seront jamais sans appel sur ce point, et que depuis les lois nouvelles un acquiescement pur et simple sur le chef de la contrainte par corps serait nul et non avenu.

Les juges ne devront pas prononcer d'office la contrainte par corps dès qu'ils auront reconnu l'existence de la convention et qu'elle leur paraîtra licite, ce serait violer ouvertement l'art. 480 § 3 du C. de pr. en statuant *ultra petita*, mais seulement lorsque le créancier aura conclu à ce que, à la rigueur des voies ordinaires, on ajoute la rigueur de la contrainte; alors les tribunaux ne pourront pas se refuser à faire droit à ses conclusions (2); la contrainte, conventionnelle par rapport aux parties contractantes, devient alors impérative pour le juge qui la prononce sans examen; rien n'est ici abandonné à sa prudence.

(1) Cassat. 5 nov. 1811 (Dalloz, t. I, p. 706).
(2) La contrainte par corps en vertu de la convention devra être demandée dans le cours du procès qui met le principal en question. La partie qui l'aurait omis en première instance ne pourrait pas la demander en appel. Car il s'agit d'une demande nouvelle (464 Pr.); le silence du demandeur est une véritable renonciation au droit qui résulte de la convention. Dans une matière aussi rigoureuse on peut facilement présumer l'abandon d'un droit excessif.

Le Code civil n'a point maintenu, à cet égard, les principes de l'ordonnance de 1667 d'après laquelle les juges
avaient le droit, dans tous les cas, de ne pas prononcer la
contrainte par corps. Autant les innovations du Code de
procédure civile, relatives aux condamnations à des dommages-intérêts (art. 126), sont contraires au principe de nos
lois en attribuant aux juges, en matière de liberté individuelle, une sorte de pouvoir discrétionnaire qui ne devait
résider que dans les textes, autant les prescriptions de l'ordonnance eussent été favorables à la liberté; quoi qu'il en
soit, la loi existe, la doctrine doit la prendre telle qu'elle est,
d'où il suit qu'aucun sursis ne pourra être accordé. Le tribunal étant forcé absolument de prononcer la contrainte
requise par le créancier, en vertu de la loi ou de la convention, il serait dérisoire de l'autoriser à en suspendre
l'exercice. En effet, quand cette contrainte est établie impérativement par la loi, c'est, en général, à raison d'une nécessité évidente pour le créancier dont le droit périclite; or,
dans ce cas, accorder d'une main la contrainte et de l'autre
retirer, pendant six mois ou un an (1), au créancier qui
l'obtient, le droit de la pratiquer, ce serait évidemment rendre illusoires pour lui les prévisions de la loi.

L'article 7 de la loi du 17 avril 1832 avait soulevé une
question d'un autre genre. C'était celle de savoir lorsque la
contrainte par corps, au lieu d'être impérative par le fait de
la loi, n'était impérative que par suite d'une convention, si
elle pouvait par ce fait seul qu'elle était obligatoire pour le
juge s'élever jusqu'à dix ans (2), tandis que la contrainte
par corps facultative prononcée contre un homme de mauvaise foi qui, par son dol, aurait mérité d'être condamné

---

(1) La loi du 13 décembre 1848 introduit une exception à cette règle en matière commerciale pour les condamnations au-dessous de 500 fr. (art. 5 de cette
loi et 157 C. com.)

(2) Pour la négative : Coin-Delisle, p. 93. — Ginouvier sur l'art. 7, n° 4. —
Pour l'affirmative : Troplong, *contr. p. c.* n° 445.

à des dommages et intérêts, ne pourrait pas s'élever au delà de cinq ans. L'article 12 de la loi du 13 décembre 1848 a supprimé cette controverse en remplaçant désormais pour ces matières le délai de un an à dix ans par un délai de six mois à cinq ans.

Nous avons dit plus haut que la liberté des personnes touche si essentiellement au droit public qu'elle ne saurait dépendre ni de la volonté des parties, ni même être laissée à l'arbitrage des juges ; la loi seule peut déterminer les cas où sera exigé un aussi grand sacrifice, et comme il est nécessaire de supposer qu'elle ne se détermine que par des vues d'intérêt social, on ne devra point avoir égard à des clauses conventionnelles qui tendraient soit à restreindre, soit à élargir le cercle de ses applications (1).

Aussi elle ne se borne pas à défendre aux juges de prononcer la contrainte par corps (2), elle interdit aussi aux parties de la stipuler hors des cas où elle autorise une telle stipulation ; la convention qui serait formée au mépris de cette défense serait donc nulle ; elle ne serait que surabondante si elle était intervenue dans un cas où la loi ordonne la contrainte par corps ; elle serait sans résultat si elle avait été consentie dans un cas où l'application de la contrainte est laissée à l'arbitrage du juge. Cette stipulation expresse n'aurait pas

---

(1) Avant que l'ordonnance de 1667, tit. XXXIV, art. 6, eût aboli cette pratique si contraire à la liberté et source des plus graves abus, des jurisconsultes estimés professaient que les contraintes conventionnelles n'avaient rien d'antipathique à l'essence des contrats ; il était même d'usage, dit Brodeau (préface de ses *Commentaires du tit. VIII de la cout. de Paris*) avant cette ordonnance que chacun, conformément à l'ordonnance de 1304, pût, comme nous l'avons vu cidessus, s'obliger par corps pour toutes dettes purement civiles.

(2) L'opinion de d'Aguesseau ne serait plus admise aujourd'hui, d'après laquelle il soutenait que dans les matières qui, quoique civiles par leur nature, recevaient un mélange de crime par la fraude ou par la violence, il fallait avoir égard plus à l'esprit de l'ordonnance de 1667 qu'à sa lettre. — Merlin, *Quest. de droit*, Vo *Cont. p. corps*, § 55.

même pour effet, comme le prétendent certains auteurs (1), de lever l'incertitude du tribunal et de rendre impératif par la stipulation ce qui n'était que facultatif par la simple prescription de la loi. En conférant aux tribunaux le droit d'apprécier dans certains cas, s'il y a lieu d'après les circonstances de prononcer ou non la contrainte, la loi ne pouvait pas, par cela même, faire dépendre l'exercice de ce moyen rigoureux, de la convention des parties (2).

Supposons maintenant un contrat passé hors de France, dans un pays où la loi permet la stipulation de la contrainte par corps hors des cas prévus par la loi française (3) ; y aura-t-il lieu d'appliquer la règle *locus regit actum?* Nullement : en effet, la loi qui protége la liberté du citoyen est un statut personnel, elle l'accompagne partout où il va, même dans les pays étrangers ; son engagement sera donc nul, et les tribunaux français n'y auront aucun égard (art. 2063).

Remarquons toutefois que la nullité prononcée par l'article 2063 n'affecte que la clause relative à la contrainte et non pas l'acte entier ; car, en général, on doit restreindre l'effet d'une nullité à l'objet en vue duquel a été créée la prohibition dont cette nullité est la sanction (4). Exceptons cependant le cas où la clause dont il s'agit aurait été considérée non comme une simple indication d'un mode d'exécution, mais comme une condition même du contrat; c'est ce qui aurait lieu, par exemple, si une personne avait profité de la fausse opinion d'une autre sur la validité d'une telle stipulation pour lui extorquer un prêt ; la nullité de la condition impossible s'étendrait dans ce cas au contrat lui-même, conformément à l'art. 1127 du Code Napoléon (5).

(1) Fournel, t. II, *De la cont. par corps*, art. 2 du t. I.
(2) Coin-Delisle, *Étude sur l'application de la cont. p. corps*, page, 34, no 9 — Dalloz. V° *Cont. p. corps*, page 348.
(3) Code des Deux-Siciles, art. 1933.
(4) Merlin, V° *Domaine public*, § 5, p. 361.
(5) Coin-Delisle, p. 34, n° 9.

En présence d'une convention illicite de contrainte par corps, et alors même que le débiteur consentirait à l'exécution, les tribunaux, tout en refusant de la reconnaître, devront apprécier s'il n'y a pas lieu de condamner à des dommages et intérêts la partie qui l'aurait stipulée en sa faveur.

Mais que décider si les juges y avaient eu égard? Si le jugement n'est pas passé en force de chose jugée, et alors même qu'il s'agirait d'une somme principale inférieure au taux de la compétence en dernier ressort, on aura la ressource de l'appel. En effet, l'art. 20 de la loi du 17 avril 1832 s'écartant des décisions de la jurisprudence (1), a fait fléchir ce principe : qu'on n'appelle pas des jugements en dernier ressort. De plus, cette voie de l'appel ne sera point fermée même à celui qui aurait acquiescé à un jugement prononçant illégalement la contrainte par corps (2). La loi du 13 décembre 1848, art 7, a encore introduit un nouveau bénéfice en faveur de la liberté; elle avait principalement pour but de déjouer une fraude très-commune (3) : il n'était pas rare de rencontrer dans les prisons pour dettes des débiteurs non négociants condamnés par corps au paiement de billets à ordre qui n'avaient pas pour cause des opérations de commerce. Il était intervenu devant le tribunal de commerce un premier jugement par défaut ; ce jugement avait été signifié ; le débiteur, mis à même d'y former opposition, s'en était fait débouter aussi par défaut, et l'emprisonnement n'avait été opéré qu'après l'expiration des délais d'appel. Alors seulement, bien et dûment privé de sa liberté, le débiteur apprenait en prison qu'il aurait pu éviter cette rigueur. La loi, dans son art. 7, permet d'interjeter appel même après l'expiration des délais légaux dans les trois jours

---

(1) Cassat. 17 juillet 1833. (Dall. 33, I, 330.)
(2) Coin-Delisle, sur l'art. 2063, n° 12. — Merlin, V° *Cont. p. corps.*
(3) Durand, *Comment. de la loi du 13 décembre 1848 sur la contr. p. c.* p. 267.

de l'emprisonnement. Si la partie a négligé d'user des moyens mis à sa disposition par la loi pour faire redresser les erreurs possibles de la justice, comme il n'y a pas dans notre législation de nullités de droit (1), quelque illégale que soit la condamnation avec contrainte par corps, elle subsistera désormais, le jugement ayant acquis l'autorité de la chose jugée.

Outre la nullité des jugements qui prononcent indûment la contrainte par corps, l'article 2063 fait réserve d'une action en dépens et en dommages-intérêts contre les juges, ce qui, d'après les principes de l'art. 580-3° du Code de procédure civile, conduit à la prise à partie (2).

Malgré ces réelles sévérités, les prescriptions de la loi sont loin d'être suffisantes ; elles ne peuvent atteindre les modes divers de simulation qu'une pratique souterraine a mis en usage pour éluder la loi. D'ailleurs, revêtir à son gré un engagement purement civil des apparences commerciales, n'est-ce pas un moyen permanent ouvert par la loi d'échapper aux défenses sévères du Code Napoléon et de faire virtuellement convention de contrainte par corps ? Étrange anomalie : à côté d'un principe d'ordre public nettement défini, on élève dans un intérêt de prospérité publique une exception que la pratique généralise et qui finit par dominer le principe !

A défaut d'une réforme radicale, on a vainement essayé d'entourer d'une sanction pénale les prohibitions violées du Code. Lors de la discussion de la loi du 13 décembre 1848, on avait proposé de punir d'une amende et de l'interdiction des droits civiques, toute simulation ayant pour but d'entraîner l'emprisonnement pour dettes hors les cas où il est autorisé par la loi ; on recula devant l'application pratique

---

(1) Coin-Delisle, sur l'art. 2063, n° 12. — Rouen, 26 fév. 1839, (Devill. 39, 2, 335).

(2) Coin-Delisle, p. 33, n° 10. — Carré, n° 1807.

de la peine, et l'amendement fut repoussé par l'Assemblée. En effet, il ne fallait pas parer à un abus en se jetant dans un autre excès ; la difficulté de déterminer les caractères de la simulation eût prêté singulièrement à l'arbitraire, et l'on ne devait pas dans une matière aussi grave départir aux juges une puissance que doit retenir la loi.

Dans un semblable état de choses le rôle du jurisconsulte et celui du juge sont tracés d'avance ; dans les matières rigoureuses, lorsqu'il s'agit de porter atteinte à la liberté individuelle, le texte précis de la loi ne doit fléchir devant aucune considération, on ne peut raisonner par analogie, et quand il y aura doute, les questions devront être tranchées dans le sens de la liberté. C'est ainsi que les tribunaux ne devront point se faire un système (1) d'écarter toutes les preuves de nature à montrer la simulation des lettres de change souscrites par les non-commerçants ; ces lettres, pour la plupart, ne constituent pas d'opération de change, souvent même on convient que la lettre reviendra à protêt et sera payée au domicile du débiteur (2); et comme elles ne sont, dès lors, que des soumissions volontaires à la contrainte par corps, les juges ne doivent point les couvrir de la protection de la loi à l'égal de la lettre de change véritablement commerciale (3). Les mêmes principes doivent dicter la solution de la question suivante.

En présence du § 4 de l'art. 2060 qui prononce la contrainte par corps pour la représentation des choses déposées aux sequestres, commissaires et autres gardiens, on s'est demandé si ces dispositions s'appliquent à toute espèce de séquestres, par exemple aux séquestres conventionnels aussi bien qu'aux séquestres judiciaires. L'ancienne jurisprudence n'avait point omis de faire cette distinction, et Pothier déci-

---

(1) Loubens et Bourbon-le-Blanc, p. 107, 235, note 237.
(2) Pothier, *Change*, n° 56.
(3) Bayle-Mouillard, *Empr. pour dettes*, p. 191, 204, 222, 225, et 235.

dait que les séquestres établis par ordonnance de justice étaient seuls contraignables par corps (1). En effet, le séquestre conventionnel n'est qu'un dépositaire volontaire; en second lieu, le mot *séquestre* ne peut pas être pris, dans cet article, dans un sens plus large que les mots *et autres gardiens* qui désignent le genre dont les séquestres sont l'espèce (2); si l'on remonte aux travaux préparatoires, c'est en ce sens que M. Bigot de Préameneu (3) et les tribuns Goupil de Préfeln et Gary (4) ont compris la solution de cette question, et la raison qui légitime à leurs yeux la contrainte par corps contre le séquestre, c'est qu'il a *contracté avec la justice*; or, ici tout procède de la volonté des parties; le séquestre judiciaire seul, qu'il soit nommé par les magistrats ou choisi par les parties, contracte avec la justice qui a ordonné le séquestre (5).

Le Code de 1804 traite de la contrainte par corps conventionnelle dans ses articles 2062 et 2060-5°; il est vrai que l'art. 2063 permet aux Français de se soumettre à la contrainte par corps dans les cas exprimés aux articles précédents, et ces cas sont bien au delà du nombre de deux, mais en lisant attentivement ces mêmes articles, on voit aisément qu'à l'exception de ces deux hypothèses, ils sont étrangers à la supposition d'une soumission à la contrainte par corps.

L'art. 2062 contient une disposition que la loi de 1848 est venue abroger (art. 2). Le fermier pouvait se soumettre volontairement par le bail à la contrainte par corps pour le paiement des fermages. La cause des propriétaires semblait

---

(1) Pothier, *Procéd. civile*, titre de la *Cont. p. c.* p. 350.
(2) Coin-Delisle, p. 15, n° 10.
(3) Fenet, t. XV, p. 162 et suiv.
(4) Fenet, t. XV, p. 179 et 188.
(5) Troplong, *Du dépôt*, n° 247, 276, etc. — Pigeau, *Procéd. civile*, tome I, p. 299.

très-favorable, et l'ordonnance de 1667 avait autorisé une semblable stipulation (1). Le bail à ferme était considéré comme un dépôt indispensable qui comprenait parfois toute la fortune du maître (2); aussi avait-on cru devoir permettre à la convention de faire en pareil cas ce que la loi fait de plein droit pour le dépôt nécessaire. Ce droit pourtant avait paru exorbitant ; aussi avait-on universellement admis que la clause devait être formelle, qu'elle ne se reproduirait pas dans la tacite reconduction (3), qu'elle ne passerait pas aux héritiers du fermier (4); on voulait même que cette clause fût contenue dans l'acte même du bail (5), mais ce bail pouvait être sous seing privé. La réforme de 1848 supprima cette convention, pour l'avenir, et il ne fut pas donné suite à l'amendement de M. Renouard, sous-amendé dans un sens moins rigoureux par M. Labordère. Elle fit disparaître une inégalité qui existait, dans les moyens de recouvrement, entre les loyers et les fermages ; elle considéra que le Code civil avait suffisamment pourvu aux intérêts de tous les propriétaires, en leur accordant, pour les loyers et fermages des immeubles, un privilége, soit sur les fruits de la récolte de l'année, soit sur le prix de tout ce qui garnit la maison ou la ferme et de tout ce qui sert à son exploitation. Ajoutons que la conservation de ce privilége a été garantie en outre par le droit conféré au propriétaire de saisir les meubles qui garnissaient sa maison ou sa ferme, lorsqu'ils ont été déplacés sans son consentement.

L'article 2 de la loi du 13 décembre 1848, en défendant expressément d'insérer à l'avenir toute clause de contrainte par corps dans un acte de bail, a-t-il entendu que

---

(1) Ord. de 1667, t. XXXIV, art. 7. — Pothier, *Procéd. civ.* p. 357.

(2) Fenet, t. XV, p. 465 *Exposé des motifs*, par M. Bigot de Préameneu.

(3) Merlin, V° *Bail*, § 9, n° 5. — Pothier, *Louage*, n° 364.

(4) Coin-Delisle, p. 28, n° 2. — Jousse, sur l'art. 7 du tit. XXIV de l'ord. de 1667.

(5) Rodier, sur l'art. 7 de l'ord. de 1667. — Troplong, *Cont. p. c.* n° 207.

jes baux déjà contractés et dans lesquels les fermiers s'étaient obligés par corps au paiement de leurs fermages recevraient leur exécution ? Le doute vient de ce que l'article 2, en interdisant *à l'avenir*, semble ne pas toucher au passé et laisser produire leur effet aux conventions antérieures. Telle n'est pourtant pas, d'après le rapporteur de la loi de 1848, la pensée qui a inspiré la rédaction de cette disposition (1). La sous-commission, dans son premier projet, avait proposé de dire : « Art. 4. L'interdiction prononcée par l'art. 2063 du Code civil de stipuler la contrainte par corps dans un acte, est étendue même au contrat de bail. » cette tournure de phrase a été rejetée comme embarrassée et ne faisant pas connaître de suite la faculté accordée par l'art. 2062 du Code civil et qu'il s'agissait de retirer; on a mieux aimé répéter les termes mêmes de cet article, et les mots *à l'avenir* sont venus se placer naturellement pour bien marquer la dérogation. Ces expressions ne doivent donc exercer aucune influence sur la solution que nous cherchons; il faut la déterminer à l'aide des principes généraux du droit : L'incarcération du débiteur est une mesure d'exécution énergique que la loi a donnée dans des cas déterminés; mais elle n'a point renoncé pour cela à ses droits ; c'est ainsi qu'elle pourrait par une mesure générale abolir la contrainte par corps et par suite ouvrir les portes des prisons. Aussi bien le législateur peut faire pour une certaine classe de débiteurs ce qu'il pourrait faire pour tous par une mesure générale; c'est ce que la loi de 1832 a fait elle-même en élargissant la catégorie des prisonniers pour dettes qu'elle déclarait à l'avenir affranchis de la contrainte personnelle ; c'est ainsi que l'art. 14 de la loi du 13 décembre 1848 dispose que les dettes antérieures au décret du 9 mars, qui, d'après la législation en vigueur à cette époque, entraînaient la contrainte par corps, continueront à

(1) Durand, *Comm. de la loi de* 1848, *p.* 238, n° 11.

produire cet effet dans les cas où elle est autorisée par la présente loi ; d'où il suit que, dans les cas où elle n'est pas autorisée, elle ne pourra pas être exercée et c'est précisément ce qui se rencontre dans l'espèce.

Mais s'il dépend de la loi de retirer au bailleur le moyen d'exécution qu'elle lui avait permis de stipuler, la privation de cette garantie lui donnera-t-elle au moins le droit de demander la résolution du bail ? Il faut trancher cette question par la négative, car les sûretés qui ont été données par le contrat de bail n'ont pas été diminuées par le fait du preneur. Il se passera quelque chose d'analogue à ce qui aurait lieu dans l'espèce suivante : Un propriétaire résidant à Lyon tire sur son locataire, à Grenoble, une lettre de change pour le paiement de son loyer et fait escompter cette traite chez un banquier; une loi vient avant l'échéance supprimer la contrainte par corps contre les signataires de lettres de change qui ne sont pas négociants. Le banquier, pour cela, ne pourra point priver du bénéfice du terme ni le tireur, ni le tiré, parce que les sûretés données par contrat (art. 1188, du C. civil) n'ont pas été diminuées par leur fait.

L'article 2060-5° s'occupe de la contrainte par corps, en ce qui concerne les cautions.

L'intelligence de cette matière nécessite le rappel de quelques principes. La contrainte par corps, si elle n'est pas à proprement parler une peine, mais plutôt un mode d'exécution, n'en a pas moins le caractère d'une mesure exorbitante et vexatoire; aussi ce moyen de coaction personnelle n'est pas un de ces accessoires qui se reportent naturellement sur le fidéjusseur; il n'est pas virtuellement soumis aux mêmes moyens de contrainte. S'il participe de plein droit aux obligations qui découlent de la dette principale, les voies d'exécution particulières à cette dette ne s'étendent

pas jusqu'à lui. Si donc le créancier veut que le fidéjusseur
offre les mêmes garanties que le débiteur principal, il faut
que ce fidéjusseur, lors du cautionnement, se soumette expressément à la contrainte par corps ; mais une telle soumission sera-t-elle permise dans tous les cas ? Les anciens
auteurs, et notamment Emerigon et Hering, enseignaient
que, pour un débiteur obligé simplement et sans qu'on ait
sur sa personne aucun droit de prise de corps, le fidéjusseur pouvait se soumettre à la contrainte. De tels principes
n'ont pas prévalu. Sans doute, dans notre droit, il peut arriver que la caution soit obligée plus étroitement et plus
sévèrement que le débiteur principal ; mais, en ce qui concerne la contrainte par corps, la loi s'est montrée favorable
à la liberté ; elle n'a permis à la caution de se soumettre à
cette rigueur qu'autant que le débiteur principal serait lui-
même contraignable par corps.

Toutefois ne donnons pas à ces principes une généralité
absolue ; il y a quelques cas où, à raison de la spécialité de
la matière, la caution du contraignable par corps est soumise de plein droit et sans convention à la contrainte par
corps. C'est ce qui a lieu pour les cautionnements fournis
en matière d'administration. Cette réserve avait été faite
expressément lors de la discussion de l'art. 2060-5°, au
Conseil d'Etat (1). On était en effet accoutumé dans les affaires concernant l'administration des biens et deniers de
l'Etat ou des Etablissements publics, à considérer les cautions comme associées avec les adjudicataires ou traitants,
comme des obligés solidaires (2) qui s'engageaient pour
partager les bénéfices de l'opération. Ces diverses exceptions
ont été prévues par les articles 8, 9, 10, 11 de la loi du
17 avril 1832 — 28 et 46 du Code forestier — et 22 du Code de
la pêche fluviale. C'est ainsi que les cautions des comptables

(1) Par M. Portalis, Fenet, t. XV, p. 140 à 144.
(2) Despeisses, part. 2, t. II, sect. 3. — Troplong, *Cont. p. c.* n° 457.

de deniers ou effets mobiliers appartenant à l'Etat, aux communes, aux hospices, aux établissements publics ; les cautions des entrepreneurs, fournisseurs, soumissionnaires et traitants qui ont passé des marchés ou des traités intéressant l'Etat, les communes, les établissements publics ; les cautions des redevables de droits de douane, octrois et autres contributions indirectes qui ont obtenu crédit et n'ont pas payé à l'échéance ; les cautions des adjudicataires des coupes de bois de l'Etat et les cautions des fermiers de la pêche des rivières navigables ou flottables, sont de plein droit et sans convention, contraignables par corps, de même que le débiteur principal.

A part ces exceptions, la soumission de la caution à la contrainte par corps est toujours volontaire ; mais cette volonté peut se manifester de deux manières : la soumission est virtuelle, ou formelle ;

Elle sera virtuelle lorsque le fidéjusseur du contraignable par corps aura donné son cautionnement dans une forme qui emporte nécessairement la contrainte : ainsi, par lettre de change ou aval ; *eadem vis est expressi ac taciti.* Celui qui garantit, par un aval, le paiement d'une lettre de change, fût-il non commerçant, est contraignable par corps ; son acte équivaut à un acte de commerce, il le soumet aux mêmes obligations que le tireur et les endosseurs, et l'article 142 du Code de commerce le déclare tenu par les mêmes voies. Si l'aval est donné sur la lettre même, il y a dès lors signature apposée à une lettre de change dans les termes de la loi ; s'il a lieu par acte séparé, il n'en conserve pas moins son caractère et ses conséquences légales ; on a rejeté l'opinion d'Heineccius et de Pothier (1), qui pensaient que l'aval donné par acte séparé n'était qu'un cautionnement ordinaire ne rendant pas le garant contraignable par corps, à moins qu'il ne fût négociant ou associé de celui qu'il avait cautionné.

---

(1) Heineccius, *Elem. juris*, cap. VI, § 10 et 11. — Pothier, n° 123.

En général, pour cette espèce d'engagement, il n'y a point de termes sacramentels ; toutefois il peut résulter des circonstances, du contexte même de l'engagement, que celui qui l'a consenti a voulu, non pas souscrire un aval et se soumettre aux voies rigoureuses que l'aval autorise, mais se lier dans les termes d'une garantie pure et simple. Ainsi : l'acte par lequel un tiers non commerçant déclare se rendre caution de sommes qu'un négociant a prêtées ou pourra prêter à un autre négociant par billets ou lettres de change, ou comptes courants, constitue un véritable aval (1) : une lettre de crédit donnée à un négociant sur un autre négociant, peut être considérée comme un aval anticipé des effets commerciaux qui seront souscrits ultérieurement par le crédité, encore bien que cette lettre de crédit émane d'un non-commerçant, et que celui-ci n'ait pas déclaré vouloir étendre sa garantie à tous les billets à ordre ou à toutes lettres de change (2). Il a été décidé, au contraire, et spécialement en matière de contrainte par corps, que le cautionnement de lettres de change à créer n'a pas le caractère d'un aval, et ne rend pas contraignable la caution non commerçante (3); sans doute, ni l'art. 141, ni l'art. 142, n'imposent, comme caractère distinctif de l'aval, que les traites existent au moment du contrat, et l'intention du législateur a été de donner à l'aval la plus grande liberté de forme ; mais la loi a dû laisser aux juges du fait une assez grande latitude pour apprécier l'aval et le distinguer, suivant les cas, de la simple garantie (4).

Nous ne nous arrêterons pas davantage aux nombreuses questions qui peuvent s'élever au sujet des fidéjussions commerciales ; elles appartiennent à la matière du cautionnement. Disons seulement que le simple particulier qui cau-

(1) Cassation, 24 juin 1846.
(2) Bourges, 23 avril 1823.
(3) Paris, 12 avril 1834.
(4) *Contrà* : Coin-Delisle, p. 123.

11

tionne une dette commerciale, ne se rend pas par cela seul contraignable par corps; une distinction est nécessaire : S'il résulte des circonstances, que le fidéjusseur non marchand qui a cautionné par un acte ordinaire une affaire de commerce, est intéressé dans cette affaire, il est contraignable par corps; car son cautionnement est un acte de commerce, c'est une spéculation pour faire réussir l'opération et en partager les profits. Si, au contraire, le cautionnement a été donné à titre gratuit, par pure obligeance, il en est autrement; dans ce cas, quelle que soit la nature de l'obligation principale, le cautionnement conserve un caractère purement civil; celui de qui il émane ne peut donc pas être assujetti de plein droit à la contrainte par corps (1); l'association d'intérêts se supposerait facilement, si le fidéjusseur d'un acte de commerce, était un commerçant, et qu'il n'eût rien fait, ni rien dit qui fût de nature à écarter l'idée de spéculation (2).

La soumission volontaire à la contrainte par corps peut donc être virtuelle, non-seulement quant à sa forme comme dans l'aval, mais encore quant au fond même de l'engagement.

En dehors des différentes espèces que nous venons de parcourir, la soumission des cautions à la contrainte par corps, que ce soit en matière civile ou en matière commerciale, doit être expresse, et nous rentrons, à vrai dire, dans la règle de l'art. 2060, ainsi conçu :

« La contrainte par corps a lieu pareillement..... 5° con-
« tre les cautions judiciaires et contre les cautions des
« contraignables par corps, lorsqu'elles se sont soumises
« à cette contrainte. »

Cette rédaction, fort claire au premier abord, a donné lieu

(1) Cassation : 21 juillet 1824, 20 août 1833, 7 juin 1837. — Lyon, 4 févr. 1835.
(2) Troplong, *Cont. p. c.* n° 151. — Goujet et Merjer, *Dict. de droit commercial*, V° *caution* n° 20.

néanmoins à des divergences d'opinion. La question de savoir où doit se placer la virgule dans ce membre de phrase, est l'objet d'une vive controverse. Faut-il mettre une virgule après le mot *judiciaires*, ou doit-on la placer après les mots *par corps?* On comprend facilement toute l'importance de la question. Il s'agit de décider si les cautions judiciaires sont de droit contraignables par corps, même sans s'être soumises à cette contrainte, ou si elles ne peuvent être frappées par la contrainte que si elles s'y sont expressément soumises. Elles encourront la contrainte par corps par leur seule qualité de cautions judiciaires, même sans soumission expresse de leur part, si la virgule est placée après le mot *judiciaires*; il en sera autrement si on doit placer la virgule comme le portent toutes les éditions officielles, après le mot *par corps*; alors, en effet, ces termes : *lorsqu'elles se sont soumises à cette contrainte*, s'appliqueront aussi bien aux cautions judiciaires qu'aux cautions de contraignables par corps.

Pour soutenir que la contrainte par corps peut toujours être prononcée contre les cautions judiciaires, même sans qu'elles s'y soient soumises, on s'appuie d'abord sur l'ancienne jurisprudence (1) qui décidait en ce sens. Pothier (2) en donnait la raison : Pour les obligations qui se contractent avec la justice, il faut, disait-il, des liens plus forts et des garanties plus énergiques. D'ailleurs, le projet du Code Napoléon sur le n° 5 de l'article qui est devenu l'art. 2060, ne portait que ces mots : *contre les cautions judiciaires*, et il n'était pas douteux que cette rédaction dût les soumettre à la contrainte par corps, en raison de leur seul titre de cautions judiciaires ; elle les mettait sur la même ligne que

_____

(1) Pothier, *Procéd. civ.* p. 5. chap. I, § 1. — Brodeau *sur* Louet, lettre F. somm. XI, n° 4. — Jousse, sur l'art. 2, t. XXVIII, ord. de 1667.
(2) Pothier, *Oblig.* n° 377. *Procéd. civ.* p. 351.

le séquestre judiciaire et le gardien, que les spoliateurs forcés au délaissement, toutes personnes soumises par la volonté de la loi et abstraction faite de la convention, à la contrainte par corps. Dans la discussion, il fut convenu qu'on permettrait, en outre, de prononcer la contrainte par corps contre les cautions des contraignables, si elles s'étaient soumises à cette contrainte (1); mais les discours des orateurs qui prirent la parole dans le sein du Conseil d'Etat, l'exposé des motifs par M. Bigot de Préameneu, le rapport du tribun Gary, et le discours du tribun Goupil-Préfeln (2) devant le Corps législatif, loin de manifester l'intention de rendre cette condition commune aux cautions judiciaires, témoignent plutôt d'une intention contraire. Au reste, la préposition *contre* deux fois répétée dans le paragraphe, semble annoncer, de la part des rédacteurs du texte, une pensée de disjonction entre les deux espèces de cautions dont ils avaient à s'occuper (3).

J'inclinerais pourtant à embrasser l'avis opposé et à décider que la contrainte par corps ne peut être prononcée contre les cautions judiciaires que si elles se sont soumises à cette contrainte.

Sans doute : « Lorsqu'il s'agit de cautionnement judiciaire la caution doit (en outre) être *susceptible* de contrainte par corps (art. 2040 C. civ.). » Mais il n'est pas dit que la caution, dans ce cas, sera contraignable par corps par le fait seul du cautionnement; il est seulement dit qu'elle doit être susceptible de la contrainte, ce qui est bien différent, car il est possible que le créancier n'exige pas qu'elle s'engage par corps; seulement, s'il l'exige et s'il peut l'exi-

---

(1) Fenet, t. XV, p. 151.

(2) Fenet, t. XV, pages 162, 179, 189.

(3) Coin-Delisle, p. 18, n° 19 et suiv. — Dalloz, répert. V° *Cautionnement*, n°ˢ 376, 48, 82, 121. — Carré, n° 1829. — Merlin, répert. V° *Cont. par corps*, n° 15. — Thomine-Desmazures, t. II, n° 568. — Zachariæ, t. III, p. 167, note

ger (1), la caution doit s'y soumettre. Beaucoup de personnes en effet, en se rendant caution judiciaire, auraient pu ignorer qu'elles s'engageaient par corps, et il n'eût pas été raisonnable qu'elles fussent devenues victimes de leur ignorance ; il faut donc qu'elles soient averties. On objecte l'art. 519 du Code de procédure civile d'après lequel la soumission faite par la caution au greffe sera exécutoire sans jugement, *même pour la contrainte par corps* : Mais si l'on veut lire attentivement cet article, on verra qu'il ne décide point du tout que la caution est contraignable par corps ; il fournirait plutôt un argument contraire par ces mots qui suivent : *s'il y a lieu à cette contrainte*, car rien n'indique qu'ils ont été mis là seulement dans la prévoyance de tel ou tel cas. L'art. 519, peut-on dire, ne s'applique pas aux seules cautions judiciaires, la procédure de réception de cautions tracée dans le titre V du Code de procédure peut être employée même à l'égard d'une caution légale ou conventionnelle ; mais il est tout aussi naturel de présumer que les rédacteurs ont eu en vue le cas où le créancier n'exigerait pas que la caution se soumît à l'exécution par corps, puisque l'art. 2060-5° du Code civil, dans sa rédaction officielle, avertissait qu'il serait besoin d'une soumission expresse de la part de la caution. Je conviendrai que le rapport, l'exposé des motifs, les discours des orateurs, manifestent plutôt une intention contraire à celle qui a été exprimée ; mais il faut appliquer la loi comme elle est écrite et promulguée. On ne peut ordonner cette voie exorbitante en se fondant sur l'intention présumée du législateur et non sur le texte de la loi. Or, toutes les éditions officielles sans exception portent une phrase ainsi ponctuée : « Contre les cautions judiciaires et contre les cautions des

(1) Nous dirons et *s'il peut l'exiger* : car si la dette était au-dessous de trois cents francs, il ne pourrait exiger de la caution la soumission à la contrainte, et la caution ne pourrait elle-même s'y soumettre : l'eût-elle même fait, il n'y aurait pas lieu à l'exercer (art. 2065).

contraignables par corps, lorsqu'elles se sont soumises à cette contrainte. » Les cautions judiciaires ne peuvent donc encourir la contrainte par corps que lorsqu'elles s'y sont soumises. La prononcer contre elles, en dehors de cette soumission, c'est violer l'article 2063 du Code Napoléon, qui ne laisse rien à l'interprétation, rien à l'analogie, qui ne permet pas de prononcer la contrainte par corps quand une loi formelle n'y autorise pas les juges. N'a-t-on pas d'ailleurs assez fait pour le créancier, en lui accordant le droit de pouvoir exiger que là caution, qui lui est présentée, soit susceptible de contrainte par corps et qu'elle s'y soumette (1)? Dans les matières rigoureuses, le texte précis de la loi ne doit fléchir devant aucune considération.

Au reste, si c'est là une vérité incontestable, c'est surtout lorsqu'il s'agit de la liberté individuelle que le rôle de l'interprète est nettement tracé et que les décisions de la justice doivent se manifester conformes à cette maxime de nos anciens auteurs *favores sunt ampliandi restringenda odia*.

En effet, si l'emprisonnement pour dettes semble justifié en matière criminelle ; si l'on comprend dans de certaines limites que la loi autorise contre le débiteur qui par le fait d'un dol ou d'une fraude insigne s'est placé en dehors du droit commun, des rigueurs qui le forcent à réparer le préjudice causé par sa notable mauvaise foi ; si, à l'égard des matières commerciales, le législateur, qui puise dans l'intérêt social le droit de priver de la liberté les infracteurs du Code pénal, a cru devoir faire plus de cas de l'aisance publique que de la liberté d'un citoyen et tirer de l'intérêt du commerce qui est un des éléments vitaux de la société le droit de conférer au créancier la faculté de faire incarcérer son débiteur ; on est forcé, en ce qui concerne la contrainte

---

(1) Delvincourt, t. III, p. 194, note 2. — Duranton, t. XVIII, n° 386 et suiv. — Favard de Langlade, V° *Caution*.— Pigeau, liv. II, part. 3, t. IV, ch. 2, § 3, n° 3 — Dalloz, V° *Cautionnement*, n° 376. — Pardessus, t. V, n° 1504.

par corps conventionnelle, de reconnaître que rien ne la justifie, et de regretter avec le rapporteur de la loi de 1848, qu'elle n'ait disparu qu'en partie de nos Codes; c'est surtout dans ce cas qu'il est vrai de dire que la liberté n'étant pas dans le commerce, on ne peut pas permettre aux citoyens d'en disposer.

Déjà dans le sein de l'Assemblée Nationale la discussion s'était établie sur ce principe, et comme de telles questions ne se remuent jamais sans profit pour la liberté, un premier pas avait été fait dans une voie de progrès. Mais la réforme ne fut point complète ; la contrainte par corps conventionnelle a conservé encore une place dans nos lois : à un avenir sans doute prochain est réservé l'honneur d'en effacer les derniers vestiges.

FIN.

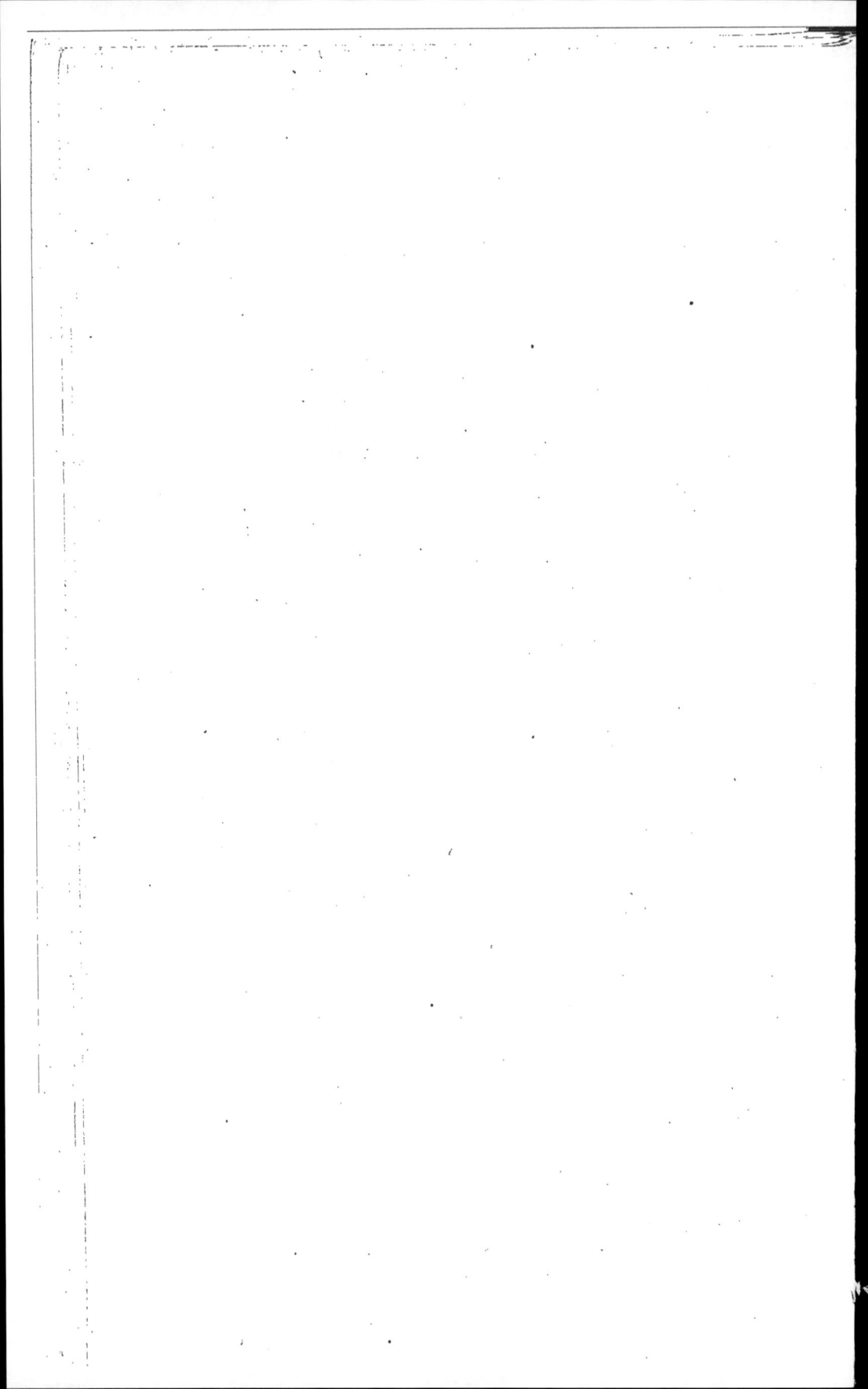

POSITIONS

DROIT ROMAIN

I   C'est dans la constitution première de Rome qu'il faut rechercher l'origine des emprunts, et dans la sévérité des exécutions la misère croissante de la plèbe et la cause des séditions.

II   La loi des Douze Tables fixa comme taux maximum de l'intérêt l'*unciarium fœnus*. — Quel est le sens de cette expression ?

III   Le *nexum* est à Rome le plus ancien mode de s'obliger ; c'est le nom générique de tous les agissements *per æs et libram*.

IV   Le *nexus* n'est point seulement un homme qui mancipe au créancier ses œuvres serviles.

V   Ce n'est pas davantage un emprunteur qui se lie *personnellement* pour sûreté de la dette, et dont l'engagement résulte d'un pacte accessoire.

VI   Le *nexus* est un homme libre qui s'est vendu volontairement *per æs et libram* par une dation effective de son corps.

VII   La législation de Moïse permettait un engagement analogue au *nexum*.

VIII   En Grèce et en Egypte le débiteur pouvait engager son corps pour paiement de sa dette. — Quelle part d'influence faut-il assigner à ces législations, sur le droit primitif de Rome ?

IX   La loi Pœtelia laissa subsister les ventes d'hommes libres qui existèrent de tout temps à Rome.

X   L'intervention frauduleuse d'une tierce personne qui prendra sa part du prix n'est pas de l'essence du pacte *partitionis pretii* ; la vente de l'homme libre peut même tenir sans la clause de participation de prix.

XI   A Rome un homme libre pouvait se manciper lui-même.

XII   La mancipation primitive transfère la possession ; ainsi il n'est pas vrai de dire qu'il n'y a *nexum* que jusqu'à l'échéance de la dette.

XIII Le *nexus* entre dans le *mancipium* du créancier ; il subit une *capitis deminutio* ; il n'est pas esclave, mais bien *in servitute*.

XIV Le domaine quiritaire du créancier n'acquiert le débiteur que sous une condition résolutoire.

XV Les biens du *nexus* passent au créancier, qui n'aurait pu les atteindre par action principale, ou en faisant prononcer l'*addictio*.

XVI Les rigueurs extrêmes de la loi des Douze Tables contre le débiteur *addictus* avaient pour but de forcer le débiteur à se lier par le *nexum*. — Elles ne sauraient être révoquées en doute.

DROIT FRANÇAIS

I L'engagement de l'*obnoxié* est toujours volontaire comme celui du *nexus* ; sa condition varie suivant la rigueur de la formule qu'il a prononcée.

II L'édit de Moulins n'abolit pas la contrainte par corps conventionnelle, admise par l'ordonnance de Philippe-le-Bel et le droit coutumier.

III La contrainte par corps conventionnelle est directement contraire aux principes de notre droit public.

IV Le juge ne peut pas accorder de sursis lorsqu'il s'agit de contrainte par corps conventionnelle.

V La convention n'aura pas pour effet de rendre la contrainte par corps impérative pour le juge dans les cas où la loi lui laisse une latitude d'appréciation.

VI La nullité prononcée par l'art. 2063 du Code civil n'affecte que la clause relative à la contrainte. Exceptions.

VII Le fidéjusseur ne peut se soumettre à la contrainte par corps qu'autant que le débiteur principal y est soumis. Exceptions.

VIII La caution du contraignable par corps est contraignable de plein droit lorsqu'elle donne son cautionnement par un acte qui de sa nature entraîne la contrainte par corps.

IX Le simple particulier qui a cautionné par un acte ordinaire une affaire de commerce, est-il contraignable par corps ? Distinctions.

X L'art. 2 de la loi du 14 décembre 1848 s'étend aux conventions de contrainte par corps stipulées dans les baux antérieurs à cette loi.

XI La privation de garantie opérée par l'art. 2 de la loi de 1848,
    n'a pas donné au bailleur le droit de résilier le bail.

XII Les cautions judiciaires ne sont contraignables par corps qu'autant
    qu'elles se sont soumises à cette contrainte.

Vu et approuvé :

Le Recteur,

COMBAT.

Vu et approuvé :

Le Doyen,

BURDET.

TABLE DES MATIÈRES

LA QUERELLE DES DETTES A ROME

DE LA

CONTRAINTE PAR CORPS CONVENTIONNELLE

Chanoine, impr. à Lyon.

www.ingramcontent.com/pod-product-compliance
Lightning Source LLC
Chambersburg PA
CBHW060550210326
41519CB00014B/3417